studio d A2

Deutsch als Fremdsprache

Kurs- und Übungsbuch | Teilband 1

von
Hermann Funk
Christina Kuhn
Silke Demme
sowie
Carla Christiany und
Oliver Bayerlein

Phonetik:
Beate Lex und
Beate Redecker

studio d A2
Deutsch als Fremdsprache
Kurs- und Übungsbuch | Teilband 1

Herausgegeben von Hermann Funk

Im Auftrag des Verlages erarbeitet von Hermann Funk,
Christina Kuhn, Silke Demme sowie Carla Christiany
und Oliver Bayerlein

In Zusammenarbeit mit der Redaktion:
Gertrud Deutz, Andrea Finster (verantwortliche Redakteurin),
Gunther Weimann (Projektleitung)

Phonetik: Beate Lex und Beate Redecker

Beratende Mitwirkung:
Susanne Hausner, München; Andreas Klepp, Braunschweig;
Ester Leibnitz, Frankfurt a. M.; Peter Panes, Schwäbisch Hall;
Doris van de Sand, München; Ralf Weißer, Prag

Illustrationen: Uta Bettzieche (S. 110); Andreas Terglane
Layoutkonzept: Christoph Schall
Layout und technische Umsetzung: Satzinform, Berlin
Umschlaggestaltung: Klein & Halm, Grafikdesign, Berlin

Weitere Kursmaterialien:
Audio-CD	ISBN 978-3-464-20774-1
Kassette	ISBN 978-3-464-20783-3
Vokabeltaschenbuch	ISBN 978-3-464-20792-5
Sprachtraining	ISBN 978-3-464-20814-4
Video A2 (VHS)	ISBN 978-3-464-20740-6
Video A2 (DVD)	ISBN 978-3-464-20846-5
Übungsbooklet 10er-Pack	ISBN 978-3-464-20818-2
Unterrichtsvorbereitung (Print)	ISBN 978-3-464-20733-8
Unterrichtsvorbereitung interaktiv	ISBN 978-3-464-20747-5

Symbole

Kursraum-CD:

 Hörverstehensübung, **14** Track 14

 Ausspracheübung, **15** Track 15

Lerner-CD (im Buch):

 Hörverstehensübung, **14** Track 14

 Ausspracheübung, **15** Track 15

 Übung zur Automatisierung

 Fokus auf Form **11** Punkt 11 in der Grammatik (Anhang)

www.cornelsen.de

Die Links zu externen Webseiten Dritter, die in diesem Lehrwerk angegeben sind, wurden vor
Drucklegung sorgfältig auf ihre Aktualität geprüft. Der Verlag übernimmt keine Gewähr für die
Aktualität und den Inhalt dieser Seiten oder solcher, die mit ihnen verlinkt sind.

1. Auflage, 7. Druck 2013

Alle Drucke dieser Auflage sind inhaltlich unverändert und können im Unterricht
nebeneinander verwendet werden.

© 2006 Cornelsen Verlag, Berlin
© 2013 Cornelsen Schulverlage GmbH, Berlin

Druck: Himmer AG, Augsburg

ISBN 978-3-464-20767-3

 Inhalt gedruckt auf säurefreiem Papier aus nachhaltiger Forstwirtschaft.

studio d – Hinweise zu Ihrem Deutschlehrwerk

Liebe Deutschlernende, liebe Deutschlehrende,

Das Lehrwerk **studio d** erscheint in zwei Ausgaben: einer dreibändigen und einer sechsbändigen. Sie blättern gerade im dritten Band der fünfbändigen Ausgabe. **studio d** orientiert sich eng an den Niveaustufen des Gemeinsamen europäischen Referenzrahmens. Band 1 und 2 führen zur Niveaustufe A1, Band 3 und 4 zu A2 und der fünfte Band (identisch mit dem dritten Band der dreibändigen Ausgabe) führt Sie zum *Zertifikat Deutsch*.

Das Kursbuch und der Übungsteil studio d A2, Teilband 1

Das Kursbuch gliedert sich in sechs Einheiten mit thematischer und grammatischer Progression. Der Übungsteil folgt unmittelbar nach jeder Kursbucheinheit und schließt mit einer Überblicks- seite „Das kann ich auf Deutsch". In transparenten Lernsequenzen bietet **studio d** Ihnen Aufgaben und Übungen für alle Fertigkeiten (Hören, Lesen, Schreiben, Sprechen). Sie werden mit interessan- ten Themen und Texten in den Alltag der Menschen in den deutschsprachigen Ländern eingeführt und vergleichen ihn mit Ihren eigenen Lebenserfahrungen. Sie lernen entsprechend der Niveau- stufe A2, in Alltagssituationen sprachlich zurechtzukommen und einfache gesprochene und geschriebene Texte zu verstehen und zu schreiben. Die Erarbeitung grammatischer Strukturen ist an Themen und Sprachhandlungen gebunden, die Ihren kommunikativen Bedürfnissen entspre- chen. Die Art der Präsentation und die Anordnung der Übungen soll entdeckendes Lernen fördern und Ihnen helfen, sprachliche Strukturen zu erkennen, zu verstehen und anzuwenden. Die Lerntipps unterstützen Sie bei der Entwicklung individueller Lernstrategien. In den *Stationen* finden Sie Materialien, mit denen Sie den Lernstoff aus den Einheiten wiederholen, vertiefen und erweitern können.

Da viele von Ihnen die deutsche Sprache für berufliche Zwecke erlernen möchten, war es für uns besonders wichtig, Sie mittels unterschiedlicher Szenarien in die Berufswelt sprachlich einzufüh- ren und Ihnen Menschen mit interessanten Berufen vorzustellen.

Auf der Audio-CD, die dem Buch beiliegt, finden Sie alle Hörtexte des Übungsteils. So können Sie auch zu Hause Ihr Hörverstehen und Ihre Aussprache trainieren. Im Anhang des Kursbuchs finden Sie außerdem eine Übersicht über die Grammatik und Phonetik, eine Partnerseite, eine alphabetische Wörterliste und die Transkripte der Hörtexte, die nicht im Kursbuch abgedruckt sind. Der Lösungsschlüssel liegt dem Buch separat bei.

Die Audio-CDs/-Kassetten

Die separat erhältlichen Tonträger für den Kursraum enthalten alle Hörmaterialien des Kursbuch- teils. Je mehr Sie mit den Hörmaterialien arbeiten, umso schneller werden Sie Deutsch verstehen, außerdem verbessern Sie auch Ihre Aussprache und Sprechfähigkeit.

Das Video

Der Spielfilm zum Deutschlernen kann im Unterricht oder zu Hause bearbeitet werden. Im Video begleiten Sie die Protagonisten auf eine Recherchereise durch Hamburg und gewinnen mit ihnen viele Eindrücke von unterschiedlichen Regionen Deutschlands. Die Übungen zum Video finden Sie in den Stationen. Weitere Übungen finden Sie auf der CD-ROM *Unterrichtsvorbereitung interaktiv*.

Das Sprachtraining und die Lerner-CD-ROM

Umfangreiche Materialien für alle, die noch intensiver im Unterricht oder zu Hause üben möchten.

Das Vokabeltaschenbuch

Hier finden Sie alle neuen Wörter in der Reihenfolge ihres ersten Auftretens.

Wir wünschen Ihnen viel Spaß und Erfolg beim Deutschlernen mit **studio d**!

Inhalt

Themen und Texte **Sprachhandlungen**

Grammatik	Aussprache	Lernen lernen
Nebensätze mit *weil* Komparation mit *wie* und *als* Superlativ: *am höchsten,* *am weitesten*	deutsche Wörter erkennen der Wortakzent	englische Wörter und Inter- nationalismen zum Lernen nutzen
Possessivartikel im Dativ Adjektive im Dativ Nebensätze mit *dass* Genitiv-*s*	Konsonanten: [b, v, m]; Endung -*er*	eine Grafik auswerten selektive Textauswertung
Modalverb *sollen*	s-Laute: [z, s, ts]	Hörverstehen: Hypothesen testen

Videostation 1, Magazin: Mehrsprachigkeit und Sprachen lernen

Grammatik	Aussprache	Lernen lernen
Reflexivpronomen: *sich ausruhen* Zeitadverbien: *zuerst, dann,* *danach* Verben mit Präpositionen: *sich* *ärgern über* Indefinita *niemand, wenige, viele,* *alle*	Aussprache emotional mar- kieren	mit Wörternetzen arbeiten Lerntechnik Wörterpaare Lesestrategie: Texte durch Zahlen erschließen
indirekte Fragen im Nebensatz: *ob*-Sätze / indirekte W-Fragen Adjektive ohne Artikel: Nominativ und Akkusativ	Vokal und *h* am Silbenanfang	Wortschatz nach Kategorien ordnen
Personalpronomen im Dativ: *mit dir, mit ihm* Relativsatz, Relativpronomen im Nominativ und Akkusativ	Aussprache von Konsonanten- häufungen	Lesestrategie: schnelles Lesen

Evaluation, Videostation 2, Magazin: Geschichten und Gedichte

Grammatik	Aussprache	Lernen lernen
Modalverben im Präteritum Nebensätze mit *als*	der „sch"-Laut	Wortfeldarbeit
Zeitadverbien: *damals, früher / heute, jetzt* Verben im Präteritum: *er lebte, ich arbeitete, es gab* Perfekt und Präteritum – gesprochene und geschriebene Sprache	Theaterintonation	einen Redemittelkasten selbst schreiben Regeln erkennen
Sätze verbinden mit *denn – weil* das Verb *werden* Nominalisierungen: *wohnen – die Wohn-ung, lesen – das Lesen* Wünsche/Höflichkeit: *hätte, könnte*	„Zwielaute": z. B.: *ei, eu, au*	Wortschatz systematisch: mit Wortfeldern und Wort-familien arbeiten Nomen und Verben verknüpfen

...valuation, Videostation 3, Magazin: Tiere in der Zeitung

Grammatik	Aussprache	Lernen lernen
Präpositionen mit Dativ Verben mit Dativ Verben mit Dativ- und Akkusativ-ergänzung Bedingungen und Folgen: Nebensätze mit *wenn*	Konsonanten üben: „scharf flüstern"	eine Grafik ergänzen Lernen mit Merkversen
Indefinita: *einige, manche* Wechselpräpositionen Verben mit Akkusativ / Verben mit Dativ: *legen/liegen* Texte lesen: Genitiv verstehen Relativsätze: *in, mit* + Dativ	Emotionale Intonation Laute dehnen	mit einer Textgrafik arbeiten mit der Uhr lernen
Nebensätze mit *um zu / damit* Vorgänge beschreiben: Passiv mit *werden/wurden*	Akzent und Textgliederung	Sachinformationen in einer Tabelle sammeln

...piel: Mit 30 Fragen durch studio d A2; Videostation 4; Magazin: Weihnachtsseite

...lphabetische Wörterliste, Unregelmäßige Verben, Verben mit Präpositionen, Hörtexte

1 Sprachen und Biografien

1 Deutsch lernen

Ca. 20 Millionen Menschen in der Welt lernen Deutsch. Sie lernen in Sprachinstituten, Universitäten, Goethe-Instituten und Volkshochschulen. Sie lernen im Kurs oder zu Hause, mit Partnern oder auch allein. Sie lernen mit Büchern, CDs oder mit dem Internet. Wir stellen einige Personen vor.

1 Lernbiografien

a) Welche Fotos passen zu den Texten?

Alice Bradová kommt aus Brno, auf Deutsch Brünn. Das ist in Tschechien. Sie hat als Kind einen Deutschkurs an der staatlichen Sprachschule besucht und später am Gymnasium weiter Deutsch gelernt, weil ihr Deutsch Spaß gemacht hat. Sie hat sich sehr für die deutsche Literatur interessiert und viel gelesen. Österreich war nicht weit, aber das Problem war das Visum und alles war viel teurer als in der Tschechoslowakei. Nach 1990 war sie oft in Österreich und auch in der Schweiz. Sie erinnert sich noch genau an ihre erste Reise nach Wien. Heute arbeitet sie bei Schwarzkopf, das ist eine Kosmetikfirma. Ihre wichtigsten Kooperationspartner sind Firmen in Linz und in Düsseldorf. Frau Bradová reist jetzt oft für ihre Firma.

1

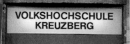

Hier lernen Sie

▶ über Sprachen sprechen
▶ Gründe nennen
▶ über die eigene Lernbiografie sprechen
▶ Nebensätze mit *weil*
▶ Komparation mit *wie* und *als*
▶ Superlativ: *am höchsten, am weitesten*
▶ deutsche Wörter erkennen / der Wortakzent

Akira Nishikawa studiert Jura an der Nanzan Universität in Nagoya. Das liegt zwischen Tokyo und Osaka. Er lernt seit zwei Jahren Deutsch an der Universität, weil er Deutsch für sein Studium braucht. Er interessiert sich für Technik und
5 Geschichte. Technische Erfindungen aus Deutschland haben ihn immer fasziniert. Zum Beispiel kommen das Auto, der Computer und die MP3-Technologie aus Deutschland. Für die japanische Wirtschaft ist Deutschland das wichtigste Exportland in Europa. Die meisten Firmen haben ihre
10 Deutschlandzentrale in Düsseldorf. Akira meint, man muss die Kunden, ihre Sprache und Kultur kennen, weil man dann ihre Wünsche besser versteht. Nächstes Jahr will er im Sommer eine Europareise machen.

2

b) Vergleichen Sie die Texte und finden Sie Informationen.
Lesen Sie die richtigen Sätze vor.

Alice Bradová Akira Nishikawa	hat gern deutsche Literatur gelesen. studiert an der Universität. reist oft in die Schweiz. braucht Deutsch für sein Studium. fährt nicht weit nach Österreich. lernt noch nicht lange Deutsch. will auch andere europäische Länder sehen.

2 Mit Texten arbeiten

a) Notieren Sie Wörter aus den Texten zum Thema *Beruf*.

Firma, Exportland ....

b) Machen Sie Aussagen über Alice und Akira.

Frau Bradová reist oft für ihre Firma.

3 Gabriella aus Italien und Rebecca aus Nigeria

a) Sehen Sie die Fotos auf Seite 8 an. Was sagen sie über die beiden aus?

b) Lesen Sie die Texte und notieren Sie Informationen zu den Fragen.

Wo haben sie Deutsch gelernt?
Was hat sie motiviert?
Was hat ihnen beim Lernen geholfen?

Gabriella Calderari, München

Gabriella ist 26 und Italienerin. Sie ist aus Palermo, hat in Udine gelebt und in Bologna studiert. Sie war Erasmus-Studentin.
5 Das heißt, sie ist für ein Auslandssemester nach Spanien gegangen. Dort hat sie ihren deutschen Freund kennen gelernt. Sie hat sich schon vorher für die deutsche Sprache interessiert, aber jetzt war sie
10 begeistert. Nach dem Studium ist sie nach München gezogen. Ihr Freund studiert dort und macht gerade sein Examen. Sie war in Bologna schon in einem Deutschkurs, aber in München hat sie noch zwei
15 Intensivkurse besucht. Jetzt macht sie gerade ein Praktikum bei einem Gericht. Sie findet Deutsch fantasiereicher und komplexer als Italienisch und sagt: „Deutsch ist eine Herausforderung, aber
20 man hat auch Erfolg und das ist ein herrliches Gefühl!"

3

Rebecca Akindutire, Nigeria

Rebecca spricht Englisch und Französisch und natürlich Yoruba, das ist ihre Muttersprache. In der Schule hat sie zuerst Eng-
5 lisch gelernt. Mit 18 hat sie mit Deutsch an einer Fachhochschule begonnen. Sie hat dort eine Ausbildung als Sekretärin gemacht. Nach der Ausbildung hat sie für eine deutsche Firma in Lagos gearbeitet.
10 Zuerst war Europa für sie eine fremde Welt, sagt sie. Am meisten hat sie interessiert, wie die Menschen in Deutschland, Österreich und in der Schweiz leben. Sie wollte die Länder kennen lernen und dort
15 studieren. Englisch war für sie eine große Hilfe, weil viele Wörter ähnlich sind. „Das hilft, wenn man Texte liest. Viele sagen, Deutsch ist schwerer als Englisch. Das stimmt aber nur am Anfang, weil es so
20 viele Grammatikregeln gibt. Aber das macht Deutsch später auch leichter und hilft beim Lernen." Im Moment studiert sie in Deutschland und arbeitet für ihr Universitätsdiplom. Später will sie in der
25 Politik arbeiten, vielleicht im diplomatischen Dienst.

4

4 Hören Sie die Interviews mit Gabriella und Rebecca.
Lesen Sie den Text. Drei Informationen sind falsch. Korrigieren Sie.

2

Gabriella lernt seit drei Jahren Deutsch. Sie findet, die Leute in Deutschland sind sehr direkt. In München hat sie an der Volkshochschule weiter gelernt. Rebecca hat schon als Kind Deutsch gelernt. Sie hat in der nigerianischen Hauptstadt studiert und gearbeitet. In der Schule hat sie auch Französisch gelernt. Sie spricht fünf Sprachen.

5 Vier Menschen – vier Gründe für Deutsch. Ergänzen Sie die Namen.

Ü1

.... hat Deutsch gelernt, weil es Spaß gemacht hat.

.... hat mit Deutsch angefangen, weil es zur Ausbildung gehört hat.

.... braucht Deutsch für das Studium und den Beruf.

.... hat weiter Deutsch gelernt, weil sie einen Freund in Deutschland hat.

6 Mehrsprachigkeit – biografisches Erzählen

Interviewen Sie einen Partner / eine Partnerin im Kurs: Sprachen,
Lernbiografie, Interessen ... Was war leicht, schön oder schwer?
Berichten Sie.

Redemittel

Gründe nennen

Ich finde die Sprache schön.
Ich brauche Deutsch für den Beruf.
Ich habe Deutsch gelernt, weil es ein Schulfach war.
Ich möchte die Menschen kennen lernen.

*Ich habe ... interviewt.
Er/Sie spricht ...*

*Ich erzähle von Martha.
Sie kommt ...*

7 Gründe – Nebensätze mit *weil*

a) Vergleichen Sie die Sätze. Wo steht das Komma? Unterstreichen Sie den
   weil-Satz. Wo steht das Verb?

Ich habe Englisch gelernt. Englisch war ein Schulfach.

Ich habe Englisch gelernt, <u>weil</u> es ein Schulfach (war).

■ Warum hast du Englisch gelernt? ◆ **Weil** es ein Schulfach war.

b) Lesen Sie die Beispiele und ergänzen Sie die Regel.

Ich habe tanzen gelernt, *weil* meine Frau gern tanzt.
Ich habe Gitarre spielen gelernt, *weil* ich gern Musik gemacht habe.
Ich habe Deutsch gelernt, *weil* ich in meinem Beruf weiterkommen möchte.

Regel a) Im Nebensatz steht das Verb ....

b) Im Nebensatz mit Partizip steht das konjugierte Verb

....

c) Im Nebensatz mit Modalverb (z. B. *können*) steht das

Modalverb ....

8 Eine Regel anwenden. Ergänzen Sie die Nebensätze.

Ü 2–3

1. Ich habe kein Wörterbuch gekauft, *weil es zu teuer war.* ....

2. Wir können auch nicht helfen, *weil* ....
   (Unser Vater kommt am Wochenende.)

3. Warum gibt es kein Brot? *Weil* ....
   (Ich habe nicht eingekauft.)

9 Meine Sprach-
Ü 4–5 lernbiografie.
**Schreiben Sie
einen Text.**

Ich-Texte schreiben

Ich habe ... gelernt, weil ...
Ich habe mich für ... interessiert.
Jetzt ...

Minimemo

Ich interessiere mich
für Spanisch.
Ich interessiere mich
nicht für Fußball.

11

2 Mehrsprachigkeit oder Englisch für alle?

1 **Sprachen in Deutschland.**
Sehen Sie die Bilder an.
Kennen Sie weitere Beispiele?

2 **Ein Rätsel. Wer war das? Wissen Sie,**
wann er gelebt hat?

Seine Muttersprache war Genuesisch, ein italienischer Dialekt.
Seine Briefe hat er auf Lateinisch geschrieben. Er hat eine Portu-
giesin geheiratet und Italienisch nicht mehr benutzt. Dann hat er
neun Jahre in Lissabon gelebt. Seine Umgangssprache war jetzt
Portugiesisch, aber seine Briefe waren auf Spanisch. Er konnte also
zwei Sprachen sprechen und in zwei anderen Sprachen schreiben.
In seinem Jahrhundert war das für viele Menschen ganz normal.
Später hat er für den König von Spanien gearbeitet. Mit drei
Schiffen segelte er nach Westen. Sein Schiff war die „Santa Maria".
Heute tragen viele Straßen und Städte in Amerika seinen Namen.

Nach: Ivan Illich

3 **Ein Zitat und viele Meinungen. Was meinen Sie?**

*Alle Menschen müssen
Englisch lernen.*

*Die meisten Menschen haben
Englisch gelernt. Deutsch ist ein Plus,
das heißt ein Vorteil im Beruf.*

„Englisch ist ein *Muss*, Deutsch ist ein *Plus*."
Jutta Limbach, Präsidentin des Goethe-Instituts

*Alle Menschen müssen mehr als
eine Fremdsprache lernen.*

*Zwei Fremdsprachen!
Ich finde, das ist ein Muss!*

Ich finde, man braucht nur Englisch.

4 **Sprachen vergleichen. Was denken Sie? Was passt zu welcher Sprache?**

Englisch – Chinesisch – Französisch – Deutsch – Russisch – Arabisch – ...

1. ... ist eine Weltsprache.
2. ... lernen die meisten Menschen als erste Fremdsprache.
3. ... ist am Anfang leichter, aber später nicht mehr.
4. ... ist nützlich im Beruf.
5. ... ist die Muttersprache der meisten Menschen in der Europäischen Union.
6. ... ist in der Schule oft die zweite Fremdsprache.
7. ... ist nicht leichter und nicht schwerer als andere Sprachen.
8. ... lernen die meisten Menschen als Fremdsprache.

5 Internationale Wörter

a) Wie viele Sprachen haben Sie gehört? Erkennen Sie die Wörter?

b) Hören Sie noch einmal. Notieren Sie die deutschen Wörter und markieren Sie die Akzente. Sprechen Sie nach.

a) *das Radio* .... d) .... g) ....

b) .... e) .... h) ....

c) .... f) .... i) ....

6 Etwas vergleichen: der Komparativ

Diese Komparative kennen Sie schon. Ergänzen Sie.

gern: .... viel: .... gut: ....

a) Fragen und antworten Sie im Kurs und berichten Sie.

Magst du	lieber	Tee Sommerferien moderne Musik lange Haare	oder lieber	Kaffee? Winterferien? klassische Musik? kurze Haare?
Isst/Trinkst/ Hörst/ Liest du	mehr	Pizza Cola Rock Zeitungen	oder mehr	... ?

Lieber ...

Ich ... mehr ...

b) Lesen Sie die Beispiele und ergänzen Sie die Regel.

Ist Englisch <u>leichter</u> als Deutsch?
Lernen Kinder <u>schneller</u> als Erwachsene?
Griechisch ist <u>älter</u> als Latein.
Die meisten Schüler im Englischunterricht
sind <u>jünger</u> als 14.

*Was ist schwerer,
ein Kilo Blumen oder
ein Kilo Metall?*

Regel Den Komparativ bildet man mit der Endung ....

oder mit Umlaut *(ä, ö, ü)* + ...

7 Selbsttest. Haben Sie die Regel verstanden? Ergänzen Sie die Sätze mit den Komparativformen.

1. Ist Englisch .... *(leicht)* als Deutsch?

2. Spanisch als Fremdsprache ist im Moment in Europa .... *(populär)* als Französisch.

3. In England lernen .... *(wenig)* Schüler Deutsch als Spanisch.

4. Latein ist .... *(alt)* als Italienisch.

5. Ist Französisch .... *(schwer)* als Spanisch?

6. In Polen lernen .... *(viel)* Schüler Englisch als Deutsch.

3 Rekorde

1 **Wer kann es am besten?** Machen Sie Spiele im Kurs.

> Fischers Fritze fischt
> frische Fische –
> frische Fische fischt
> Fischers Fritze.

a) Wer kann den Satz am schnellsten ohne Fehler sprechen?

b) Wer kommt am weitesten? Nehmen Sie ein Streichholz und pusten Sie es über den Tisch.

c) Wer pfeift am längsten? Pfeifen Sie einen Ton.

12   Ü6

2 **Ein Rätsel und Vergleiche**

a) Welche Stadt ist am größten?

Berlin ist größer als Stockholm.
Stockholm ist genauso groß wie Amsterdam.
Paris ist kleiner als Madrid.
Madrid ist nicht so groß wie Berlin.

nach: www.grandurbo.de/wissenswertes

b) *Wie* und *als.* Ergänzen Sie die Regel.

Regel   **1.** *so* + Adjektiv (Grundform)

+ ....

2. Komparativ + ...

3 **Landeskundequiz.** Kreuzen Sie an.

1. Welcher deutsche See ist am größten?
a) ▢ der Edersee
b) ▢ die Müritz
c) ▢ der Bodensee
d) ▢ der Chiemsee

2. Welcher Zug ist am schnellsten?
a) ▢ der französische TGV
b) ▢ der japanische Shinkansen
c) ▢ der deutsche ICE
d) ▢ der britische Intercity

> Der ... ist der größte See.

3. Welche Uhren gehen am genauesten?
a) ▢ Atomuhren
b) ▢ Digitaluhren
c) ▢ Kuckucksuhren
d) ▢ Schweizer Uhren

4 **Komparation.** Ergänzen Sie die Tabelle.

12 Ü 7–8

Grammatik		Komparativ	Superlativ	
	schwer	....	am schwer**sten**	der/das/die schwer**ste** ...
	leicht	....	am leicht**esten**	der/das/die leicht**este** ...
	....	weit**er**	am weit**esten**	der/das/die ....
	groß	grö**ßer**	am größ**ten**	der/das/die größ**te** ...
	lang	....	am	der/das/die läng**ste** ...
	viel	....	....	der/das/die **meiste** ...
	gut	....	....	....
	gern	....	am **liebsten**	....

---

5 Das schönste deutsche Wort

Im Jahr 2004 hat das Goethe-Institut einen Wettbewerb organisiert:
Was ist das schönste deutsche Wort? 12 000 Menschen haben mitgemacht und
ihre Wörter geschickt. Die Zeitungen und das Fernsehen haben berichtet.

a) Lesen Sie die Beispiele und die Begründung:
Warum finden Menschen diese Wörter schön?

verrückt
ver-rückt – ist doch schön,
wenn nicht alles gerade ist.
Raoul Ahrens, Deutschland

Rhabarbermarmelade
Rhabarbermarmelade –
was für ein Klang!
Frank Niedermeyer, Deutschland

Sommerregen
Ich finde, *Sommerregen* ist das schönste deutsche
Wort, weil ich es gern lese und schreibe und weil ich
den Geruch von Sommerregen mag, denn er erinnert
mich an den Sommer.
Isabell Schultze, Deutschland, 14 Jahre

Kichererbse
Mein schönstes deutsches Wort heißt
Kichererbse, weil es einfach so lustig ist.
Karl Schneider, USA

Sternschnuppe
Mein schönstes deutsches Wort ist
Sternschnuppe, weil man nach
einer Sternschnuppe immer einen
Wunsch frei hat.
Hildegard Breitenstein, Deutschland

lieben
Lieben ist für mich das
schönste deutsche Wort,
weil es nur ein „i" vom
Leben entfernt ist.
Gloria Bosch, Spanien

b) Und was ist für Sie das schönste deutsche Wort? Machen Sie eine Umfrage im Kurs.

Übungen 1

1 **Deutsch lernen**

Pjotr und Anna Bruckmüller sind aus Russland. Vor fünf Jahren sind sie aus Omsk nach Deutschland gekommen.
5 Zu Hause haben sie mit den Kindern meistens Russisch gesprochen. Sie wohnen jetzt in Bochum. Am Anfang war es am schwersten, meint Herr Bruckmüller, weil
10 er nur wenig Deutsch konnte. Er und seine Frau haben etwas Deutsch gesprochen, aber die Kinder fast gar nicht. Dann haben sie zusammen einen Kurs in der Volkshochschule gemacht. Die beiden Kinder hatten zuerst Probleme in der Schule.
15 Maria hat schneller gelernt als Boris. Sie hat eine Ausbildung als Kauffrau gemacht. Sie arbeitet jetzt in einem Büro. Boris macht einen Kurs bei der Arbeitsagentur. Er hat den Hauptschulabschluss, aber noch keine Arbeit. Herr Bruckmüller
20 arbeitet heute bei der Stadt als Elektriker. Seine Frau ist Hausfrau.

a

Ayse Demir ist aus der Türkei, aus Istanbul. Sie ist vor 25 Jahren mit ihrem Mann nach Deutschland gekom-
5 men, weil ihr Mann hier Arbeit in einer Fabrik gefunden hat. Jetzt haben sie ein Obstgeschäft in Mannheim.
Ayse hat Deutsch in der Volkshochschule und
10 von ihren Kindern gelernt. Ihre beiden Kinder sind in Deutschland geboren. Sie hat ihnen oft bei den Hausaufgaben geholfen. Da hat sie viele neue Wörter gelernt. Jetzt sind die Kinder schon groß. Ihre Tochter Hazal ist Ärztin. Sie arbeitet
15 in einem Krankenhaus. Ihr Sohn Mehmet macht eine Ausbildung zum Großhandelskaufmann. Ayse ist sehr stolz auf ihre Kinder. Manchmal fahren sie in den Ferien zusammen in die Türkei.

b

a) Lesen Sie die Texte und beantworten Sie die Fragen.

1. Warum hat Herr Bruckmüller einen Kurs in der Volkshochschule gemacht?

....

....

....

....

Ramón Rodríguez ist Musiker in Spanien, in Madrid. Seine Freundin ist Deutsche. Sie lebt auch in
5 Spanien und spricht gut Spanisch, aber Ramón spricht nur wenig Deutsch. Ramón besucht jetzt einen Sprachkurs am Goethe-Institut, weil er mit
10 seiner Freundin oft nach Deutschland fährt. Er möchte die Sprache und die Gedanken von seiner Freundin besser verstehen.

c

2. Warum ist Ayse Demir stolz auf ihre Kinder?

....

....

3. Warum lernt Ramón Rodríguez Deutsch?

....

....

2

b) Hören Sie jetzt die Interviews. Wer spricht?

a) .... b) .... c) ....

c) **Hören Sie die Interviews noch einmal. Welche Informationen stehen nicht in den Texten a–c auf Seite 16? Kreuzen Sie an.**

1. a) ▢ Ramón möchte einmal ein Jahr in Deutschland leben.
   b) ▢ Die Freundin von Ramón lebt in Spanien.
   c) ▢ Ramón lernt Deutsch, weil er seine Freundin besser verstehen will.

2. a) ▢ Herr Bruckmüller hat fast kein Deutsch gesprochen.
   b) ▢ Herr Bruckmüller war ein Jahr arbeitslos.
   c) ▢ Familie Bruckmüller hat einen Volkshochschulkurs gemacht.

3. a) ▢ Ayse ist schon 25 Jahre in Deutschland.
   b) ▢ Ayse arbeitet jeden Tag im Obstgeschäft.
   c) ▢ Ayse hat von ihren Kindern viel Deutsch gelernt.

2 Gründe nennen. **Verbinden Sie die Sätze mit** *weil.*

1. Pjotr Bruckmüller kauft ein Wörterbuch. Er lernt Deutsch.

   ....

2. Anna Bruckmüller geht nicht aus. Es regnet.

   ....

3. Ayse Demir packt ihren Koffer. Sie muss morgen nach Ankara fliegen.

   ....

4. Ramón Rodríguez nimmt sein Handy mit. Seine Freundin will ihn anrufen.

   ....

3 *Weil*-Sätze. **Ordnen Sie die Wörter und schreiben Sie Sätze.**

1. Herr Bruckmüller – keine Arbeit – gefunden – hat
   Deutsch – gesprochen hat – weil – nur wenig – er

   ....

   ....

2. viele neue Wörter – Ayse – hat – gelernt
   mit ihren Kindern – weil – Hausaufgaben – sie – gemacht hat

   ....

   ....

3. Ramón – einen Sprachkurs – besucht
   er – oft nach Deutschland – weil – fährt

   ....

   ....

4 Lernen in der Volkshochschule

Deutsch lernen im Tanzkurs?
Warum Leute in die Volkshochschule gehen

Kristina Woronek
Ich habe vor zwei Jahren einen Deutschkurs an der VHS in Castrop-Rauxel gemacht. Wir haben immer die Musik vom ⁵Tanzkurs aus dem anderen Raum gehört. Im Frühjahrssemester habe ich dann einen Tanzkurs begonnen. Das war super! Ich habe dort viele neue Freunde gefunden – und auch mein Deutsch verbessert. Mit Dirk habe ich mich ¹⁰gleich gut verstanden. Ich habe ihn zum Üben getroffen und wir sind ausgegangen. Im Juli heiraten wir. Am Abend einen Termin in der Volkshochschule haben, das ist tausendmal besser als Fernsehen!

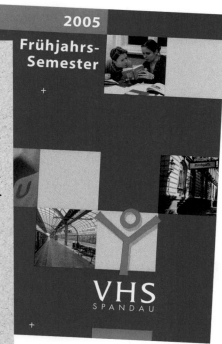

2005
Frühjahrs-Semester

VHS SPANDAU

Lesen Sie und ergänzen Sie die Sätze mit den passenden Informationen.

1. ....
weil sie Musik in dem anderen Raum gehört hat.

2. ....
weil sie viele Freunde gefunden hat.

3. ....
weil sie sich gut verstanden haben.

4. ....
das ist besser als Fernsehen.

5 Kurse in der Volkshochschule. Lesen Sie die Sätze und ordnen Sie die Kursangebote zu.

1. ▣ Ihre Freundin will im Sommer an die Ostsee fahren. Sie möchte vorher schwimmen lernen.
2. ▣ Sie suchen Bewegung in der freien Natur.
3. ▣ Ihr Vater möchte manchmal eine SMS an Sie schreiben. Aber er hat Probleme.
4. ▣ Sie möchten eine neue Kultur kennen lernen. Sie interessieren sich für nordeuropäische Länder.

Finnisch Intensivkurs – Kleingruppe
Riikka Rahivaara-Tarkka
Finnland – das Land mit den tausend Seen und der komischen Sprache. In diesem Kurs lernen Sie die Grundlagen des Finnischen. Über Land, Leute und Kultur erfahren Sie auch einiges. Vorkenntnisse sind nicht erforderlich. **a**

Sp6.301
Beherrschen Sie Ihr Handy?!
Es werden die wichtigsten Funktionen erklärt: Einstellungen, Mailbox, SMS, Wörterbuch, Rückruf und andere Möglichkeiten eines Handys. **b**

Schwimmenlernen für Frauen
Anna Mack
Nichtschwimmerinnen jeden Alters sind in diesem Kurs herzlich willkommen. Schritt für Schritt und in einer kleinen Gruppe erlernen Sie das Schwimmen. **e**

Sp2.910
Let's Dance – Grundkurs Teil 1
neuer Anfängerkurs
Gesellschaftstänze – Erlernen von Schrittkombinationen und neuen Tänzen. **c**

Sp3.509
Walking – Training im Freien
Treffpunkt: Bushaltestelle der Linie 131, Spektebrücke, Parkplatz Kiesteich
Renate Schadwill **d**

6 **Sprachen im Internet.** Lesen Sie den Text. Ergänzen Sie die Formen von *viel* und *wenig* und *als* und *wie.*

Welche Sprachen findet man am meisten im Internet? Mehr als jede zweite Webseite (56,4 %) ist auf Englisch. Danach folgen Inhalte auf Deutsch (7,7 %), auf Französisch (5,6 %), auf Japanisch (4,9 %), auf Spanisch (3 %), auf Chinesisch 2,4 % und auf Koreanisch (1,5 %). Griechisch ist mit 0,1 % die „kleinste" der untersuchten Sprachen. Die Zahl der Seiten auf Spanisch und auf Chinesisch wächst am schnellsten.
Stand 2002

1. In keiner Sprache gibt es so .... *viele* .... Webseiten .... auf Englisch.

2. Es gibt .... französische Seiten .... deutsche.

3. Auf Spanisch gibt es nicht so .... Seiten .... auf Englisch.

4. Man findet auf Japanisch .... Internetseiten .... auf Spanisch und auf Chinesisch.

5. Die .... Seiten bei den untersuchten Sprachen gibt es auf Griechisch.

7 **Komparativ und Superlativ**

a) Finden Sie die Komparative und Superlative und schreiben Sie sie in die Tabelle.

L	F	O	M	E	R	E	L	U	N	O	S
Ä	F	F	E	N	H	Ö	H	E	R	L	C
N	A	E	I	L	Ä	N	G	E	R	E	H
G	R	A	F	I	S	U	L	L	A	I	N
S	H	Ö	C	H	S	T	E	A	X	N	E
T	H	Ä	S	S	L	I	C	H	E	R	L
E	I	N	E	D	I	E	L	A	R	Z	L
N	E	N	E	O	C	V	E	I	L	E	E
Q	B	E	I	S	H	K	Ü	R	Z	E	R
K	Ü	R	Z	E	S	T	E	J	P	M	I
H	Ö	C	H	S	T	E	N	F	A	R	P
A	S	C	H	N	E	L	L	S	T	E	N

Grundform	Komparativ	Superlativ	
		am	der/das/die
lang	länger	längsten	längste

b) Ergänzen Sie die Tabelle.

8 **Tierrekorde. Ergänzen Sie die passenden Adjektive im Komparativ und im Superlativ.**

groß – schnell – lang – hässlich

Gepard

Wanderfalke

1. Das .... Tier auf dem Land ist der Gepard.

Er kann 110 km in der Stunde laufen. Der Wanderfalke ist aber noch

.... Er fliegt mit 350 km in der Stunde zur Erde!

Nacktmull

2. Was ist das .... Tier?

Vielleicht der Nacktmull? Der Nacktmull

lebt in Afrika unter der Erde. Da sieht ihn

niemand.

Blauwal

Walhai

3. Was ist der .... Fisch? Das ist der Walhai.

Der Blauwal ist zwar viel .... , aber der Wal ist kein Fisch.

Vogel Strauß

Giraffe

4. Der Vogel Strauß hat einen langen Hals. Der Hals der Giraffe ist noch

.... : Die Giraffe hat den .... Hals von

allen Tieren. Aber der Vogel Strauß ist der .... und

.... Laufvogel auf der Erde.

Das kann ich auf Deutsch

über Sprachen sprechen

Ca. 20 Millionen Menschen lernen Deutsch.
Chinesisch ist eine Weltsprache.

Gründe nennen

Ich brauche Deutsch für den Beruf.
Ich lerne Deutsch, weil ich in Deutschland studieren will.

Sprachen und Lernerfahrungen vergleichen

Ich meine, Englisch ist nur am Anfang leichter als Deutsch.

Wortfelder

Sprachen und Lernen

Muttersprache, Fremdsprache, Mehrsprachigkeit, Intensivkurs, Studium

Grammatik

Nebensätze mit *weil*

Er hat Portugiesisch gelernt, **weil** er eine Portugiesin geheiratet hat.
■ Warum hast du Englisch gelernt? ◆ **Weil** es ein Schulfach war.

Komparation mit *als* und *wie*

Latein ist ält**er als** Italienisch. Italienisch ist **genauso** beliebt **wie** Spanisch.

Superlativ

Welches Tier ist **am** schnell**sten**? Wer kommt **am** weit**esten**?
Was ist für Sie das schön**ste** deutsche Wort?
Was ist für dich die interessant**este** Sprache?

Aussprache

Wortakzente im Vergleich

Radio – interessant – Politik

Laut lesen und lernen

3

Warum lernen Sie Deutsch? Seit wann lernen Sie Deutsch?
Ich habe Deutsch in der Schule gelernt. Deutsch ist ein Vorteil im Beruf.
Lieber Tee oder lieber Kaffee?
Französisch finde ich schwerer als Spanisch.
Am besten lernt man eine Sprache in einem Intensivkurs.

2 Familienalbum

1 Familiengeschichten

1 Petra zeigt ihrer Freundin Gabi das Familienalbum.
Lesen Sie den Text. Wer ist wer? Ergänzen Sie die Namen.

Das ist meine Familie. Das Foto ist von unserem letzten Familientreffen zu Weihnachten. Ich stehe mit meinem Mann Rolf hinten in der Mitte. Vorn sitzen unsere Enkelkinder.
Wir haben vier Kinder, drei Töchter und einen Sohn – und bis jetzt vier Enkelkinder.
Unsere älteste Tochter Kerstin sitzt auf dem Bild ganz rechts vorn. Neben Kerstin sitzt Mika,
5 ihr Sohn. Auf dem Foto ist er zwei Jahre alt. Mikas Vater fehlt auf dem Foto, weil Kerstin und er seit 2004 geschieden sind. Hinter Kerstin steht ihre Schwester Nadine. Daneben, das ist Nadines Mann Jörg. Die beiden haben zwei Söhne, Maximilian und Fabian. Die sind sechs und drei Jahre alt und sitzen vorn in der Mitte.
Hinten links steht unser Sohn Jan mit seiner Katrin. Die beiden haben vor einem Jahr geheiratet
10 und leben in einem kleinen Haus auf dem Land. Vorn links, das ist unsere jüngste Tochter Susanne und daneben sitzt ihre Tochter Sophie. Susanne lebt mit ihrer Tochter allein, aber sie hat einen neuen Freund. Mit ihrem Pedro ist sie sehr glücklich.

Hier lernen Sie

▶ über Familie und Familienfeste sprechen
▶ Fotos und Personen beschreiben
▶ jdn beglückwünschen / jdn einladen
▶ seine Meinung ausdrücken
▶ Possessivartikel im Dativ
▶ Adjektive im Dativ
▶ Nebensätze mit *dass*
▶ Genitiv-*s*
▶ Konsonanten [b, m, v]; Endung -*er*

 2
5

Petra erzählt. Hören Sie.
Welche Fotos passen zu den Texten?

Text 1 – Foto ▨
Text 2 – Foto ▨
Text 3 – Foto ▨
Text 4 – Foto ▨

 3

6

Eine rhythmische Familie. Hören Sie und sprechen Sie dann mit.
Achten Sie besonders auf -*er*.

Familie heißt: meine Mutter und mein Vater, Bruder, Schwester, Sohn und Tochter.
Tante, Onkel auch. Cousine, Cousinen und auch ein Cousin.
Großvater hier, Großmutter da. Generation? Weißt du das schon?
Unsre Familie lebe hoch!

4 **Und Ihre Familie? Erzählen Sie.**

Redemittel	über die Familie sprechen	
	Ich habe	einen Mann / eine Frau / einen Freund / eine Freundin. ein Kind / zwei/drei/keine Kinder. eine Tochter / zwei Töchter. einen Sohn / zwei Söhne. einen Bruder / zwei Brüder. eine Schwester / zwei Schwestern.
	Meine Familie ist	groß/klein.
	Ich lebe	bei meinen Eltern / mit meinem Partner / mit meiner Partnerin / allein.
	Ich bin	verheiratet/geschieden/Single/ledig.

2 Familie und Verwandtschaft

1 Familienbeziehungen. Welche Wörter kennen Sie schon? Ergänzen Sie.

Ü1

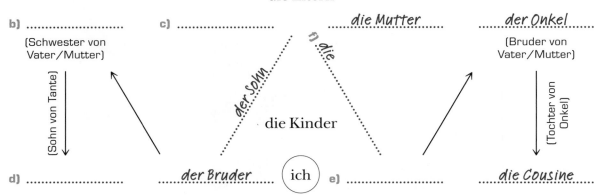

die Großeltern

a) ....   *die Großmutter / Oma*

die Eltern

b) ....   c) ....   *die Mutter*   *der Onkel*
(Schwester von Vater/Mutter)   (Bruder von Vater/Mutter)

(Sohn von Tante)   *der Sohn*   *f) die*   (Tochter von Onkel)

die Kinder

d) ....   *der Bruder*   (ich)   e) ....   *die Cousine*

2 Über Fotos sprechen. Zeigen Sie Fotos von Ihrer Familie. Fragen und antworten Sie.

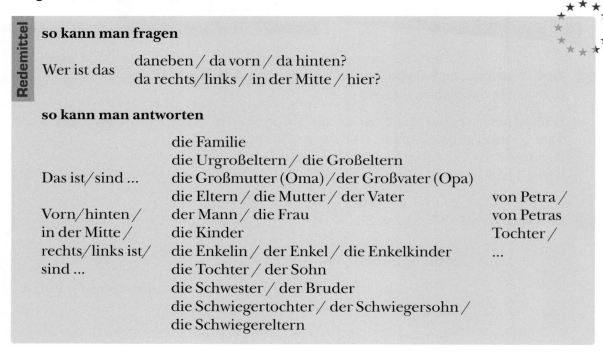

Redemittel

so kann man fragen

Wer ist das daneben / da vorn / da hinten?
da rechts/links / in der Mitte / hier?

so kann man antworten

Das ist/sind ...	die Familie die Urgroßeltern / die Großeltern die Großmutter (Oma) /der Großvater (Opa) die Eltern / die Mutter / der Vater	
Vorn/hinten / in der Mitte / rechts/links ist/ sind ...	der Mann / die Frau die Kinder die Enkelin / der Enkel / die Enkelkinder die Tochter / der Sohn die Schwester / der Bruder die Schwiegertochter / der Schwiegersohn / die Schwiegereltern	von Petra / von Petras Tochter / ...

3 Genitiv-s. Wer gehört zu wem? Bilden Sie Sätze.

Beispiel: Das ist der Großvater von Petra.

Ach so, das ist Petras Großvater.

1. Das ist die älteste Tochter von Petra.
2. Das sind die Kinder von Nadine.
3. Das ist die Tochter von Susanne.
4. Das ist die Frau von Jan.

4 **Meine Familie.** Schreiben Sie einen Text.

Ü2

Ich-Texte schreiben

Zu meiner Familie gehören ... Ich habe ... Meine Kinder / Mein Sohn /
Meine Tochter ... Ich bin ... Seit ... lebe ich in ...
Mein Mann / Meine Frau ... / Mein Freund / Meine Freundin ... /
Mein Partner / Meine Partnerin ... Ich/Wir wohne/n ...

5 **Possessivartikel im Dativ**

Ü3

a) Fragen und antworten Sie.

Wie geht's denn	Ihrem/deinem	Vater/Bruder/Sohn?
	Ihrer/deiner	Mutter/Schwester/Tochter?
	Ihren/deinen	Eltern/Kindern/Geschwistern?

Wie geht's denn Ihrem Vater?

Danke, gut!

Danke, es geht so.

Leider nicht so gut!

8

b) Ergänzen Sie die Tabelle. Der Text auf Seite 22 hilft.

Grammatik		der **Bruder** das **Enkelkind**	die **Tante**
Singular	ich	....	meiner
	du	deinem	....
	er/es	seinem	....
	sie	....	ihrer
Plural	wir	....	unserer
	ihr	eurem	eurer
	sie/Sie	....	ihrer/Ihrer
Plural (Nomen)	meinen/unseren Kindern/Tanten/ Cousins ...		

Minimemo

Artikel im Dativ

meinem/meiner =
(k)einem/(k)einer

Minimemo

Dativ Plural

die Kinder →
mit den Kindern

6 **Partnerinterviews.** Fragen Sie Ihre Partnerin / Ihren Partner und berichten Sie.

Ü4

Mit wem gehen Sie ins Kino?
Mit wem machst du Sport?
Mit wem fährst du in den Urlaub?
Mit wem arbeiten Sie im Büro?

Chef/in
Kollegen/Kollegin
Freundin Kim
Familie
Bruder
...

Am liebsten mit meiner Cousine.

Meistens mit meinem Kollegen.

7 **Was schenken Sie zum Geburtstag?** Üben Sie.

Personen	Geschenke
du / deinem Vater	ein Buch
wir / unseren Eltern	einen Blumenstrauß
du / deiner Oma	eine CD
ihr / eurer Tante	Schokolade
...	eine Reise
	ein Hemd
	...

Was schenkst du deiner Oma?

Einen Blumenstrauß.

8 **Personen beschreiben: Adjektive im Dativ**

13 Ü5–6

Matthias   Justyna   Katja

a) Erinnern Sie sich an das Video zu studio d A1?

Wer ist der Mann mit dem blauen T-Shirt?
Wer ist die Frau mit den blonden Haaren?
Wer ist die Frau mit der schwarzen Hose?

b) Erinnern Sie sich an Petras Familie? Sehen Sie das Foto auf Seite 22 an.

Wer ist	die Frau in dem blauen T-Shirt	hinten links?
	der Mann in dem karierten Hemd	in der Mitte?
	...	da vorn?

c) Ergänzen Sie die Regel.

Regel Adjektive im Dativ mit Artikel: Die Endung

ist immer ....

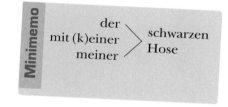

Minimemo

der
mit (k)einer > schwarzen
meiner   Hose

d) Und in Ihrem Kurs?

Wer ist die Frau mit den kurzen Haaren? / ... der Mann in der schwarzen Jeans? ...

9 **Lippentraining:** [b, m, v]. **Hören und üben Sie die Laute.**

7

[b]   Büro – Bruder – Bild

In meinem Büro steht
ein Bild von meinem Bruder.

[m]   meine – Mutter – mit – Maximilian – Mika

Hier ist meine Mutter mit
Maximilian und Mika.

Bratwurst – Brötchen /
Weißwurst – Weißbrot – Weißbier

Ich mag Bratwurst mit Brötchen
oder Weißwurst mit Weißbrot
und Weißbier.

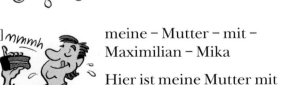

[v]   wem – wollen – Wochenende – wandern

Mit wem wollen wir am
Wochenende wandern gehen?

3 Familie heute

1 Großelterndienst. Ein Plakat verstehen

a) Wofür macht das Plakat Werbung?

1. ☐ für ein Sportprogramm für Großeltern
2. ☐ für Großfamilien
3. ☐ für ein Angebot zur Kinderbetreuung

b) Was heißt „Enkel dich fit"?

1. ☐ Kinder halten Großeltern fit.
2. ☐ Kinder sind langweilig.
3. ☐ Großeltern sind fitter als Enkel.

c) Was machen die Omas und Opas im Großelterndienst?

1. ☐ Sie passen auf die eigenen Enkel auf.
2. ☐ Sie passen auf die Kinder von Alleinerziehenden auf.
3. ☐ Die Kinder passen auf die Opas und Omas auf.

2 Die Familiensituation in Deutschland

a) Sehen Sie die Grafik an und lesen Sie den Text. Sprechen Sie im Kurs.

Immer weniger Kinder

Deutschland hat zu wenig Kinder. Viele junge Leute wollen keine Kinder, weil sie andere Prioritäten haben: Ausbildung, Beruf, Freizeit. Die Verbindung von Familie und Beruf ist für Männer und Frauen schwer. Es gibt zu wenig Plätze in Kindergärten und die Öffnungszeiten sind für Menschen im Beruf problematisch.

Redemittel

eine Grafik auswerten

Die Grafik zeigt, dass ...	viele Familien nur ein Kind haben.
Man kann sehen, dass ...	viele Familien keine Kinder haben.
Ich denke, dass ...	die Familien früher mehr Kinder hatten.

b) Kennen Sie die Situation in anderen Ländern? Berichten Sie.

3 Leben mit Kindern

a) Beschreiben Sie die Situation. Wo sind die Leute?
   Was sagen sie?

auf der Treppe   im Treppenhaus   in der Wohnungstür

Meine lieben Mieter ...

im Flur   auf dem Boden

b) Lesen Sie den Text und sammeln Sie Informationen
   über die Personen.

BLITZ THEMA

Nachbarn gegen Kinderlärm – Familie Göpel muss raus!

Seit zwei Jahren lebt Familie Göpel jetzt in der Bergmannstraße. Die Göpels haben drei Kinder, Anja (1), Svenja (5) und Martin (11). Jetzt will die Familie ausziehen. „Es geht nicht mehr. Wir
5 kommen mit manchen Nachbarn nicht klar. Sie können einfach die Kinder nicht akzeptieren", sagt Marita Göpel. „Es gibt immer Streit. Manche Nachbarn stört, dass der Kinderwagen oft im Flur steht. Die Wohnung ist zu klein. Aber
10 meistens geht es um Martin. Ich finde, dass er ein ganz normales Kind ist", sagt Frau Göpel. „Er hört gern Musik, aber die Nachbarn sagen, dass seine Musik zu laut ist. Er spielt oft mit seinen Freunden im Hof und manchmal auch im
15 Treppenhaus." Das ist gegen die Hausordnung.

„Es sind eben Kinder. Natürlich sind Kinder oft laut. Einmal haben die Nachbarn sogar die Polizei gerufen. Aber jetzt ist Schluss!" sagt Dirk Göpel. „Seit drei Monaten suchen wir eine Woh-
20 nung. Das ist aber gar nicht so einfach mit drei Kindern. Letzte Woche habe ich bei 20 Vermietern angerufen. Die meisten waren ganz freundlich und sehr interessiert. Die Miete war okay. Aber als ich gesagt habe, dass wir drei Kinder
25 haben, war das Gespräch meistens schnell vorbei. Ich glaube, dass es mit zwei großen Hunden leichter ist!"
BLITZ fragt: Wer hat eine Wohnung für Familie Göpel? Zuschriften unter CB 417 an die
30 BLITZ-Redaktion.

c) Warum streiten die Nachbarn? Notieren Sie.

Kritik von den Nachbarn	Argumente von Familie Göpel
....	....
....	....
....	....
....	....
....	....

4 Nebensätze mit *dass*

a) Ergänzen Sie die Sätze. Der Text in Aufgabe 4 hilft.

Manche Nachbarn stört, dass der Kinderwagen ....

Ich finde, dass ....

Die Nachbarn sagen, dass ....

Ich glaube, dass ....

b) Markieren Sie die (Verben) in den Sätzen von a) und ergänzen Sie die Regel.

Regel Im Nebensatz mit *dass* steht das Verb ....

5 Ein Rollenspiel vorbereiten

Ü 7–9

a) Sammeln Sie weitere Argumente.

Kinder stören mich nicht, aber Martin muss seine Musik leiser machen.

Herr Bernhardt, ein Nachbar

Kinder brauchen Platz.

Frau Göpel

Man kann mittags nicht schlafen.

Frau Stucki, die Nachbarin

Kinderwagen im Treppenhaus – das ist gegen die Hausordnung.

Herr Sägmüller, der Vermieter

b) Wählen Sie eine Rolle und spielen Sie.

seine Meinung ausdrücken

Ich finde, dass Kinder Platz brauchen. / Ich meine, dass ...
Ich glaube, dass ... / Ich denke, dass ...
Es ist (nicht) richtig, dass ...
Ich hoffe, dass ...
... stört/stören mich (nicht) / ist für mich (k)ein Problem.

4 Familienfeiern – Einladungen

1 **Grußkarten und Einladungen.**
8 Ü10 **Hören Sie zu und bringen Sie die Karten in die richtige Reihenfolge.**

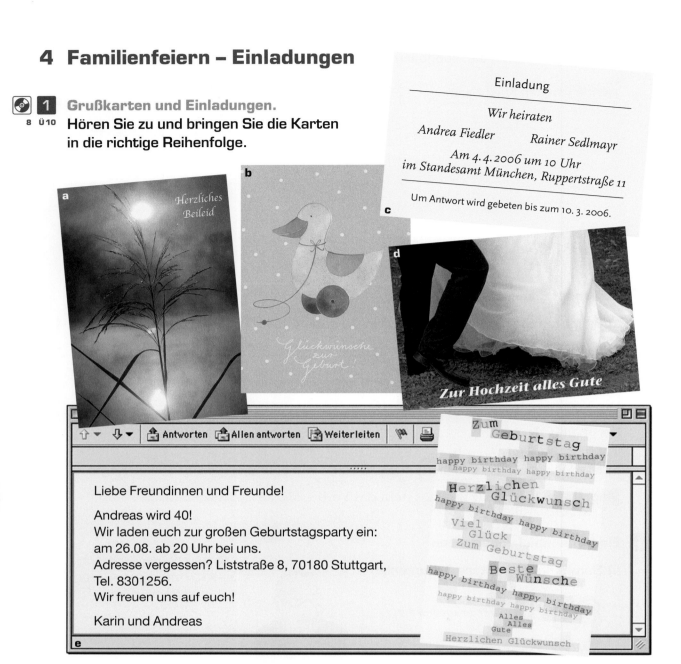

Einladung

Wir heiraten

Andrea Fiedler *Rainer Sedlmayr*

Am 4. 4. 2006 um 10 Uhr im Standesamt München, Ruppertstraße 11

Um Antwort wird gebeten bis zum 10. 3. 2006.

a Herzliches Beileid

b Glückwünsche zur Geburt!

d Zur Hochzeit alles Gute

Liebe Freundinnen und Freunde!

Andreas wird 40!
Wir laden euch zur großen Geburtstagsparty ein:
am 26.08. ab 20 Uhr bei uns.
Adresse vergessen? Liststraße 8, 70180 Stuttgart,
Tel. 8301256.
Wir freuen uns auf euch!

Karin und Andreas

e

Zum Geburtstag
happy birthday happy birthday
happy birthday happy birthday
Herzlichen Glückwunsch
happy birthday happy birthday
Viel Glück
Zum Geburtstag
Beste Wünsche
happy birthday happy birthday
happy birthday happy birthday
Alles Alles Gute
Herzlichen Glückwunsch

2 **Zwei Glückwunschlieder. Hören und singen Sie. Achten Sie auf die Aussprache.**
9

Wie schön, dass du geboren bist

Heute kann es regnen,
stürmen oder schnei'n,
denn du strahlst ja selber
wie der Sonnenschein.
Heut ist dein Geburtstag,
darum feiern wir.
Alle deine Freunde
freuen sich mit dir.

Wie schön, dass du geboren bist,
wir hätten dich sonst sehr vermisst.
Wie schön, dass wir beisammen sind,
wir gratulieren dir, Geburtstagskind!

Unsre guten Wünsche
haben ihren Grund:

Bitte bleib noch lange
glücklich und gesund.
Dich so froh zu sehen,
ist was uns gefällt.
Tränen gibt es schon genug
auf dieser Welt.

Rolf Zuckowski

Zum Geburtstag viel Glück!

Zum Geburtstag viel Glück!
Zum Geburtstag viel Glück!
Zum Geburtstag, liebe Liese,
zum Geburtstag viel Glück!

3 **Karten schreiben.** Wählen Sie ein Ereignis und schreiben Sie eine Karte.

Ü11

so kann man Glück wünschen / sein Beileid aussprechen

Herzlichen Glückwunsch / Wir gratulieren zum Geburtstag / zur Prüfung / zum Jubiläum ...
Alles Gute / Ich/Wir wünschen dir/Ihnen alles Gute zu ...
Mein Beileid! / Herzliches Beileid! / Es tut mir so leid!

so kann man einladen

Liebe/Lieber ...,
ich lade dich herzlich zu meinem Geburtstag ein. Wir feiern am ... um ... in ... /
bei ... Ich freue mich auf dich!

so kann man sich bedanken

Danke für die Einladung. Ich komme gern! Ich freue mich aufs Wiedersehen.
Vielen Dank für das Geschenk. Du hast mir eine große Freude gemacht!

so kann man sich entschuldigen

Danke für die Einladung. Aber leider kann ich nicht kommen, weil ich krank bin /
weil ich arbeiten muss. Ich wünsche dir ein schönes Fest!

so kann man sich schriftlich verabschieden

Mit freundlichen Grüßen (formal) / Viele Grüße / Herzliche Grüße

4 **Symbole. Was gehört
zu welchem Fest?
Welche Symbole gibt
es in Ihrem Land?**

5 **Feste feiern. Welche kennen Sie? Wen laden Sie ein?
Was essen/trinken Sie?**

Übungen 2

 1 Meine Familie

a) Hören Sie und ergänzen Sie die Namen und dann die Verwandtschaftsbezeichungen.

.... Ruth: Mutter ....

.... Ich (b)

.... Ich (a)

....

b) Wechseln Sie die Perspektive: „Ich" ist Ruth. Ergänzen Sie die Verwandtschaftsbezeichnungen.

....

....

 2 Lebensformen in Deutschland

a) Hören Sie die drei Interviews und ergänzen Sie die Sätze.

1. Diana lebt als

S........................... .

2. Sebastian und Niklas

leben z........................... .

3. Renate und Werner sind seit zehn Jahren

v........................... .

b) Was ist richtig? Hören Sie noch einmal und kreuzen Sie an.

1. ▢ Diana hat einen Partner.
2. ▢ Diana ist oft einsam.
3. ▢ Diana macht viel mit ihren Freunden.
4. ▢ Sebastian und Niklas wohnen zusammen, weil sie öfter zusammen sein wollen.
5. ▢ Die Nachbarn wissen, dass Sebastian und Niklas ein Paar sind.
6. ▢ Die Eltern akzeptieren, dass Sebastian und Niklas zusammenleben.
7. ▢ Renate und Werner sind geschieden.
8. ▢ Renate und Werner haben zwei Töchter.
9. ▢ Renate und Werner arbeiten beide.

3 **Verwandtschaft. Wer ist das?**

1. die Schwester von eurer Mutter: eure ....

2. der Sohn von ihrer Tante: ihr ....

3. die Tochter von seinem Sohn: seine ....

4. die Eltern von meinem Mann: meine ....

5. die Tochter von unserer Schwester: unsere ....

Ein Rätsel: Es ist nicht mein Bruder, es ist nicht meine Schwester, aber es ist ein Kind

von meinen Eltern. Wer ist das? ....

4 **Fotos zeigen. Ergänzen Sie die Possessivpronomen im Dativ.**

1. ▪ Seid ihr das, mit .... Kindern?

   ◆ Nein, das bin ich als Kind mit ....
   Eltern.

2. Das bin ich mit .... Freunden.
   Wir waren richtige Hippies!

3. Hier bin ich in .... Büro bei
   Finke & Co – mein erster Job!

4. Das sind wir mit .... ersten
   Auto. Wir waren sehr stolz!

5. Das ist mein Mann Klaus vor ....
   alten Schule. Er hatte ein Treffen mit

   .... alten Schulfreunden.

6. Hier, das sind unsere Kinder bei ....
   Schuldirektorin. Das war am letzten Tag vor
   den Ferien.

1

2

3

4

5

6

5 **Personen beschreiben**

Erik   Britta   Alina   Sabrina   Jan

Hanna
Nicole

Sven

Marcel

a) Sehen Sie das Bild und beschreiben Sie die Personen.

1. Die Frau mit dem Hut und dem weißen T-Shirt, das ist Alina.
2. Der Mann mit dem gestreiften Hemd …

6

b) Hören Sie den Text und finden Sie den Fehler.

6 **Was macht man (in Deutschland) nicht? Ergänzen Sie die Adjektivendungen im Dativ und kreuzen Sie an.**

1. ▧ in kurz........ Hosen ins Theater gehen

2. ▧ im elegant........ schwarz........ Anzug an den Strand gehen

3. ▧ im lang........ Abendkleid in die Oper gehen

4. ▧ mit einem groß........ Hut im Kino sitzen

5. ▧ bei einem wichtig........ Gespräch mit dem Chef zu spät kommen

6. ▧ mit schön........ Blumen oder einem Geschenk zum Geburtstagsfest gehen

7. ▧ bei einem gut........ Essen im Restaurant ein Trinkgeld geben

8. ▧ sich mit einem neu........ Kollegen unterhalten

7 Herr Zürn und seine Nachbarn. **Schreiben Sie Sätze mit** *dass.*

im Garten – klettern – spielen – Kinderwagen – Fußball – stehen – laute Musik –
auf den Baum – ~~vor dem Haus~~ – hören – eine Grillparty – auf der Straße – machen –
Fahrrad – liegen – auf dem Gehweg – ~~Lärm~~ – ~~machen~~ – auf dem Gehweg

1. Es stört ihn, dass die Nachbarn vor dem Haus Lärm machen.
2. Es ärgert ihn, ...

8 Familienbeziehungen. **Was passt nicht? Kreuzen Sie an.**

1. Zu unserer Familie gehört
a) ▨ mein Bruder.
b) ▨ meine Nachbarin.
c) ▨ unsere Großmutter.
d) ▨ unser Schwiegersohn.

2. Ich bin
a) ▨ verheiratet.
b) ▨ geschieden.
c) ▨ berufstätig.
d) ▨ ledig.

3. Meine Familie ist
a) ▨ in Frankreich.
b) ▨ groß.
c) ▨ klein.
d) ▨ eine typische Ein-Kind-Familie.

4. Maria lebt
a) ▨ getrennt von ihrem Mann.
b) ▨ mit ihrer Tochter zusammen.
c) ▨ in einer Großstadt.
d) ▨ als Single.

9 Familienwörter – Wortfamilie. **Kombinieren Sie.**

klein + Familie = die Kleinfamilie

Familie + Feier = die Familienfeier

Familie -n-

groß   Feier
klein   Foto   Leben
Fernseh   Planung   Treffen
           Name   Betrieb

10 **Anzeigen. Welche Aussagen passen? Ordnen Sie zu.**

1. ■ Alles Gute für euch und eure kleine Tochter!
2. ■ Herzlichen Glückwunsch zum Geburtstag!
3. ■ Mein Beileid!
4. ■ Wir gratulieren zur Hochzeit und wünschen euch viele glückliche Jahre zusammen!

In Liebe und Dankbarkeit nehmen wir Abschied von meinem lieben Mann, unserem guten Vater, Schwiegervater und Opa

Helmut Werner

* 13. 5. 1941   † 13. 8. 2005

In unseren Herzen lebst du weiter:

Hildegard Werner geb. Müller

Franz-Josef und Ruth Völker geb. Werner
mit Jan und Julia

Bernd Werner
mit Birgit und Thomas
und alle Anverwandten

70197 Stuttgart, Wilh...

Die Trauerfeier mit ans...
8. September 2005, um 10...
Von Beileidsbekundunge...
Evtl. zugedachte Blumen an...

a

Wir haben geheiratet

Beate Sonntag ⊙⊙ *Paul Sonntag*

am 16. Juli 2005 im Standesamt Aachen

*Wir bedanken uns für die Begleitung auf unserem Weg
vor allem bei Jörg, Andrea, Gunther und Karin.*

Goethestraße 29, 52066 Aachen

c

Mit **Viktoria** und **Johannes** freuen wir uns
über die Geburt unserer Tochter

Laura

*15. 8. 2005 · 4.210 g · 53 cm

Elke und Bernd Prüm

Amselweg 4, 52379 Langerwehe

b

d

11 **Einladungen. Ordnen Sie die beiden Texte und schreiben Sie sie ins Heft.**

Liebe Gisela, lieber Heinz, – Ich hoffe, dass viele von Ihnen kommen können. – Das Fest findet ab 20 Uhr im Restaurant „Zur Noll" statt. – Ich muss der Kantine dann die Personenzahl sagen. – Dieses Jubiläum möchte ich am nächsten Mittwoch mit allen aus der Abteilung feiern! – An diesem Tag feiern wir unsere Silberhochzeit und möchten euch und andere Freunde dazu einladen. – ich bin jetzt seit zehn Jahren in der Firma! – Wir freuen uns auf euch! – Liebe Kolleginnen und Kollegen, – Evi und Günther – Die Jubiläumsfeier findet in der Kantine statt. – am 21. Juni sind wir 25 Jahre verheiratet! – Rufen Sie mich bitte bis Dienstag an oder schreiben Sie eine Mail. – Herzliche Grüße, Sebastian Huber

25

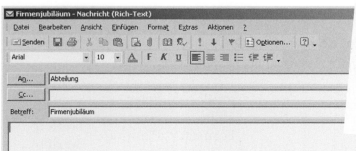

☑ Firmenjubiläum - Nachricht (Rich-Text)

Datei Bearbeiten Ansicht Einfügen Format Extras Aktionen ?

☑ Senden 🖫 🖨 ✂ 🖹 🖺 🖻 🖉 🕮 🖾 ! ↓ ▼ ⬚ Optionen... 🔲 ▾

Arial ▾ 10 ▾ 🅰 F K U 🖹 🖹 🖹 🖽 🕮 🕮 ▾

An... | Abteilung

Cc... |

Betreff: | Firmenjubiläum

Das kann ich auf Deutsch

über die Familie sprechen

Ich habe eine Tochter und zwei Söhne.
Meine Familie ist groß. / Ich lebe bei meinen Eltern. /
Ich bin geschieden.

Familienfotos zeigen und beschreiben

Vorn sind die Kinder von Nadine
und Jörg.

seine Meinung ausdrücken

Ich finde, dass ... / Ich meine, dass ... /
Ich glaube, dass ...

Glückwünsche aussprechen

Alles Gute zum ... / zur ...!
Herzlichen Glückwunsch zum ... / zur ...!

jemanden einladen

Ich lade dich/euch/Sie herzlich ein.
Wir feiern am ...

Wortfelder

Familie und Verwandtschaft

der Großvater – die Großmutter,
der Bruder – die Schwester

Familienfeste

Geburtstag – Hochzeit – Geburt

Grammatik

Possessivartikel im Dativ

Das bin ich mit **meinem** Bruder.
Das ist Nadine mit **ihrem** Mann.

dass-Satz

Die Nachbarn finden, dass die Kinder
zu laut sind.

Adjektive im Dativ

der Mann mit dem weiß**en** T-Shirt /
eine Frau mit einer schwarz**en** Bluse /
meine Tochter mit ihrem klein**en** Hund.

Genitiv-s

In der Mitte steht Karin**s** Großvater.

Aussprache

Konsonanten: Lippenlaute [b, m, v]

Bratwurst, Weißwurst / meine Mutter
mit Maximilian

Endung -er

Mutter – Vater
Bruder – Schwester

Laut lesen und lernen

Herzlichen Glückwunsch! Alles Gute! Danke für die Einladung!
Schade, dass ich nicht kommen kann!
Wir haben 1999 geheiratet.
Ich habe zwei Töchter. Das ist mein Mann / Das ist meine Frau.
Wie geht's deiner Familie?

1 Eine Reise

1 **Dinge für unterwegs.** Was sehen Sie auf
dem Foto? Welche Gegenstände fehlen?

der Autoschlüssel – das Notebook –
das Flugticket – der Reisepass – das Buch –
der Stadtplan – die Sonnenbrille –
der Lippenstift – die Schokolade –
die Postkarte – die Handtasche –
der Koffer – der Teddy – der Reiseführer –
das Telefon – die Kundenkarte –
die Fahrkarte – der Messeausweis –
der Kamm – das Portemonnaie –
das Geld – das Handy – die Kreditkarte –
der Kuli – die Visitenkarte

> *Auf dem Foto
> gibt es ein Handy,
> aber kein(en) ...*

> *Da sind ein/eine ...
> und ein/eine ...*

2 **Ein Mann und eine Frau auf Reisen.**
Ü 1-3 Was sagt das Foto über die Personen?
Äußern Sie Vermutungen.
Der Redemittelkasten hilft.

Wo waren sie?
Wer reist beruflich, wer privat?
Was haben sie gemacht?
Welche Verkehrsmittel haben sie benutzt?
Was haben sie gekauft?

Redemittel

Vermutungen äußern

Ich denke, ein Mann / eine Frau ...
Ich glaube, dass er/sie in ... war.
Ich denke, er/sie hat eine Geschäftsreise/Urlaub gemacht /
eine Messe / eine Konferenz besucht / sich die Stadt angesehen /
Verwandte/Freunde / ein Museum besucht.
Wahrscheinlich ist er/sie geflogen / mit ... gefahren/gereist.
Wahrscheinlich hat er/sie ein/eine/einen ... benutzt/genommen.
Vielleicht hat er/sie ein/eine/einen ... gekauft.

Hier lernen Sie

▶ über eine Reise sprechen
▶ Vermutungen äußern *(wahrscheinlich/vielleicht)*
▶ Fahrpläne lesen
▶ eine Reise planen und buchen
▶ Gegensätze ausdrücken: *aber*
▶ Alternativen ausdrücken: *oder*
▶ Modalverb *sollen*
▶ *s*-Laute: [z], [s] und [ts]

 3 Hören Sie den Dialog. Welche Vermutungen waren richtig, welche falsch?
10   Machen Sie Notizen.

Personen – Orte – Was haben sie gemacht?

4 **Reisen. Was nehmen Sie mit?**

immer – manchmal – nie

... brauche ich nie.

Ich nehme immer mein Handy mit, aber keinen Computer.

Manchmal packe ich ... ein.

2 Eine Reise planen und buchen

1 Reiseinformationen lesen und verstehen

a) Wann fährt der Zug in Hamburg ab? Wann ist er in Budapest?

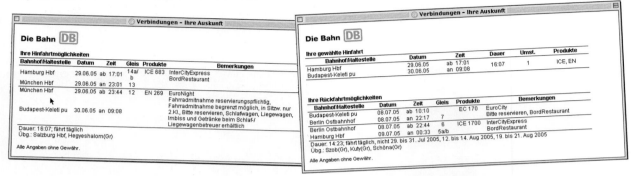

11

b) Ergänzen Sie den Dialog mit den Informationen aus dem Fahrplan. Kontrollieren Sie mit der CD.

- ■ Guten Tag.
- ◆ Guten Tag. Zwei Fahrkarten nach Budapest, bitte.
- ■ Hin und zurück?
- ◆ Ja. Hin am 29. Juni und am 8. Juli zurück.
- ■ Gut. Haben Sie eine BahnCard?
- ◆ Ja, 2. Klasse, BahnCard 25.
- ■ Zahlen Sie bar oder mit Kreditkarte?
- ◆ Mit Kreditkarte, bitte.
- ■ So, einen Moment ... das ist Ihre Verbindung: Sie fahren um .... Uhr ab. In München müssen Sie dann umsteigen. Dort fährt Ihr Zug um .... Uhr ab. Sie sind morgens um .... Uhr in Budapest.

- ◆ Ja, gut. Und die Rückfahrt?
- ■ Die Rückfahrt geht über Berlin. Abfahrt in Budapest um .... Uhr, Ankunft in Berlin um .... Uhr. Der Zug nach Hamburg fährt dann um .... Uhr ab und kommt um .... Uhr an.
- ◆ Wie teuer sind denn die Fahrkarten?
- ■ Pro Person 180,72 Euro. Soll ich die Verbindung ausdrucken?
- ◆ Ja, bitte.
- ■ Hier, bitte schön. Auf Wiedersehen.

Internetprojekt

Recherchieren Sie:
Orte – Zeiten – Preise

www.bahn.de

c) Üben Sie den Dialog: andere Zeiten, andere Orte.

12
2 Im Reisebüro: einen Flug buchen

a) Hören Sie den Dialog zweimal und notieren Sie den Preis, die Namen und Flugzeiten.

b) Hören Sie noch einmal und kontrollieren Sie.

Herr/Frau ....

Hin: ab *Hamburg* , am ....

        um .... Uhr

        an um .... Uhr

Zurück: am ....

        um .... Uhr

Preis: .... pro Person

3 **Eine Busreise. Lesen Sie den Fahrplan. Wählen Sie eine Situation aus und spielen Sie einen Dialog am Schalter.**

Ü4

---

drei Studenten
Hamburg – Györ
hin und zurück
von Dienstag bis Samstag

---

eine Person
Berlin – Siofok
einfache Fahrt
Normaltarif
am Mittwoch

Familie mit drei Kindern
(5, 9, 12)
Hamburg – Budapest
hin und zurück
von Donnerstag bis Montag

BERLIN LINIEN BUS

... preiswert und bequem zu über 350 Zielorten in Deutschland und Europa!

Berlin ◄► Budapest ◄► Siofok
Hamburg ◄► Hannover ◄► Dresden ◄► Budapest

Linienverkehr der Bayern Express & P. Kühn Berlin GmbH, D-Berlin, der Deutsche Touring GmbH, D-Frankfurt am Main, und Volanbusz, HU-Budapest

Abfahrt in Deutschland:				Ankunft in Deutschland:	
Di, Mi¹), Do, Sa²), Fr	So	Fahrplan 1.4. - 31.10.2005		Mi, Sa, Mo²)	Do, Fr¹) So
10.00	12.00	▽	**Hamburg**, ZOB am Hbf.	▲ 17.15	19.15
11.50	–	▽	**Hannover**, ZOB am Hbf.	▲ –	17.25
13.00	–	▽	**Braunschweig**, Hbf., ZOB	▲ –	16.15
14.15	–	▽	**Magdeburg**, ZOB am Hbf.	▲ –	15.00
16.00	16.00	▽	**Berlin**, ZOB am Funkturm	▲ 13.15	13.15
19.00	19.00	▽	**Dresden**, Hbf., Bayrische Str.	▲ 10.15	10.15
4.30	4.30	▼	**Györ**, Busbhf.	△ 0.15	0.15
6.15	6.15	▼	**Budapest**, Népliget Autobus-Station	△ 22.30	22.30
8.30	8.30	▼	**Siofok**, Busbhf.³)	△ 20.30	20.30

Mi, Do¹),	Fr, So²),	Dieser Verkehr wird über Tschechien	Di, Fr,	Mi, Do¹),
Sa	Mo	und die Slowakei geführt.	So²)	Sa
Ankunft aus Deutschland			Abfahrt nach Deutschland	

¹) verkehrt vom 22.6. - 11.8.2005   ²) verkehrt vom 26.6. - 28.8.2005
³) Die Bedienung von Siofok erfolgt in den Monaten Juni bis August mit Umstieg in Budapest.

Fahrpreis in EUR zwischen	Code	Einzelfahrt			Hin- und Rückfahrt		
		Normal-Tarif	Erm.-Tarife* E1	E2	Rückfahr-Tarif	Erm.-Tarife E1	E2
Berlin (10) und							
Györ	3610	63,–	57,–	32,–	118,–	107,–	59,–
Budapest	3620	63,–	57,–	32,–	118,–	107,–	59,–
Siofok	4050	66,–	60,–	33,–	126,–	114,–	63,–
Hamburg (120) und							
Györ	3610	84,–	76,–	42,–	140,–	126,–	70,–
Budapest	3620	84,–	76,–	42,–	140,–	126,–	70,–
Siofok	4050	86,–	78,–	43,–	145,–	131,–	73,–
Hannover (370) und Braunschweig (550) und							

*E1 = Studenten / E2 = Kinder 4–12 Jahre

Fahrkarten Hamburg – Budapest

> Einfach / hin und zurück?

Hin und zurück.

> Wann ...?

Donnerstag, 14. April

> Hinfahrt: Hamburg ab ... Uhr, über Berlin, um ... Uhr Ankunft in Budapest. Rückfahrt?

Dienstag, 19. April

> Rückfahrt: Budapest ab ... Uhr, über Berlin, um ... Uhr Ankunft in Hamburg

Preis hin und zurück?

> ... Euro pro Person. Kinder zahlen ...

Redemittel

eine Reise buchen

Ich hätte gern einen Flug nach ...
Ich hätte gern zwei/... Fahrkarten/Fahrscheine/... nach ...
Eine Fahrkarte nach ... / einfache Fahrt / hin und zurück, bitte.
Wann ist der Rückflug? / Ist das ein Direktflug?
Wann fährt der Zug / der Bus ab? / Wann kommt der Zug / der Bus an?
(Wo) Muss ich umsteigen? / Ich möchte eine Reservierung, bitte.
Was kosten die Fahrkarten? / Kann ich mit Kreditkarte zahlen?
Können Sie mir die Verbindung bitte ausdrucken?

4 **Drei Buchungen Hamburg – Budapest.** Sammeln Sie Informationen
Ü5 aus den Aufgaben 1–3 und ergänzen Sie die Tabelle.

	Reisetermine	Reisezeiten/Dauer	Preis
a) Zug	....	Abfahrt: 17.01 – Ankunft 9.08 / 16 Std.	180,72 €/Person
b) Flug	....	....	....
c) Bus	14.–19. April	....	....

5 **Reisepläne vergleichen.** Beantworten Sie die Fragen.
Ü6
1. Was ist teurer: Flug oder Bahn? – Der Flug ist teurer, aber er ist schneller.
2. Welche Reise dauert länger: Bus oder Bahn? – Die Reise mit ..., aber sie ist ...
3. Bei welcher Reise muss man umsteigen? – Bei der Reise mit ..., aber ...
4. Welche Reise finden Sie am besten? – Die Reise mit ..., aber ...

6 **Einen Fahrplan lesen.** Fragen Sie oder geben Sie Informationen.
Ü7

7 *S*-Laute: [z], [s] und [ts]. **Hören Sie. Sprechen Sie nach. Ergänzen Sie die Regel.**
13

stimmhaftes [z]
die Reise – reservieren – in Süddeutschland –
nach Salzburg – lesen – eine Person – Sankt Gallen

stimmloses [s]
erste Klasse – aussteigen – die Straße –
der Bus – Paris – die Autos – der Fußweg

[ts]
die Zeit – bar zahlen – rechts – eine Platzkarte – der Zug – die Notiz – zwei Tickets –
nach Luzern – ganz weit – ein Sitzplatz

Regel Stimmhaftes [z] schreibt man .... am Silben................. .

Stimmloses [s] schreibt man .... oder .... am Silbenende.

[ts] schreibt man .... oder .... oder auch ....

8 Hören Sie und sprechen Sie nach. Achten Sie auf [z], [s], [ts].
14

3 Aufforderungen und Alternativen

6, 16

1 **Modalverb** *sollen*

Ü8

a) Lesen Sie. Welche Aussagen sind richtig?

> Hallo Tommy.
> Schönen Gruß von Felix. Du sollst ihn heute noch anrufen. Nicht vergessen, und bitte vor 18 Uhr anrufen, Ina.

1. ☐ Tommy hat Felix angerufen.
2. ☐ Ina hat Tommy angerufen.
3. ☐ Felix will, dass Tommy ihn anruft.
4. ☐ Tommy kann nicht vor 18 Uhr anrufen.
5. ☐ Ina hat die Nachricht von Felix für Tommy notiert.

b) Was bedeutet *sollen* **hier? Kreuzen Sie an.**

1. ☐ Jemand möchte, dass du etwas tust.
2. ☐ Jemand muss etwas tun.
3. ☐ Jemand will etwas nicht tun.

2 **Sprachschatten. Spielen Sie im Kurs.**

> *Bring bitte Cola mit.*
>
> *Wie bitte?*
>
> *Du sollst Cola mitbringen!*

- ■ Bring bitte Musik zur Party mit.
- ◆ Wie bitte?
- ● Du sollst Musik zur Party mitbringen!

- ■ Bring bitte Brot mit. / Bring bitte Milch mit. / Bring bitte die Zeitung mit.
- ◆ ...

3 **Alternativen ausdrücken: Kaffee mit** *oder* **ohne Zucker?**

15

Hören Sie den Dialog. Warum ärgert sich der Mann?

- ■ Guten Tag, ich hätte gern einen Kaffee, bitte.
- ◆ Kaffee, Cappuccino, Latte Macchiato oder Espresso?
- ■ Hmm, Kaffee, bitte.
- ◆ Normal oder koffeinfrei?
- ■ Normal, danke.
- ◆ Große Tasse oder kleine Tasse?
- ■ Groß.
- ◆ Mit oder ohne Milch?
- ■ Mit Milch und Zucker, bitte.
- ◆ Zucker oder Süßstoff?
- ■ Nein danke, ich möchte Zucker.
- ◆ Möchten Sie gleich zahlen oder erst später?
- ■ Lieber sofort.
- ◆ Bar oder mit Karte?
- ■ Sagen Sie, ist das hier ein Café oder eine Quizshow?

4 **Einen Sketch selber machen. Schreiben Sie auch einen** *oder***-Dialog.**

Ü9

- ■ Ich möchte einen Urlaub buchen.
- ◆ In die Berge oder ans Meer?
- ...

> Hose kaufen: Schwarz oder blau?

> Wohnung suchen: Mit oder ohne Balkon?

4 Gute Fahrt!

1 S-Bahn-Impressionen

a) Sehen Sie das Foto an. Was sehen Sie? An was denken Sie?

16

b) Hören und lesen Sie
den Text laut. Finden Sie
ihn schön, interessant,
traurig, ...?

Bewegung und Stillstand

Kommt man mit der S-Bahn von Mahlsdorf über Kauls-
dorf und Biesdorf nach Friedrichsfelde Ost, sieht man
zwischen Biesdorf und Friedrichsfelde Ost links immer
diese Neubauten, aus deren hunderten Fenstern man
die S-Bahn zwischen Biesdorf und Friedrichsfelde Ost
vor sich sieht.

Elke Erb

2 Eine Zugfahrt beschreiben. Fahren Sie auch manchmal mit der S-Bahn
Ü10 oder mit dem Zug? Was sehen Sie auf Ihrer Fahrt? Erzählen Sie.

Ich-Texte schreiben

Jeden Morgen fahre ich an ... vorbei.
Auf dem Weg gibt es ...
Ich schaue nicht aus dem Fenster, ich ...

3 Reisegedichte

a) Hören Sie die zwei Gedichte. Wie reisen die Tiere?

17

Schwierige Entscheidung

Ein Maulwurf und zwei Meisen
Beschlossen zu verreisen
Nach Salzburg oder Gießen.
Ob sie dabei zu Fuß gehen sollen
Oder aber fliegen wollen –
Das müssen sie noch beschließen!

Paul Maar

Die Ameisen

In Hamburg lebten zwei Ameisen,
Die wollten nach Australien reisen.
Bei Altona auf der Chaussee
Da taten ihnen die Beine weh
Und da verzichteten sie weise
Dann auf den letzten Teil der Reise.

Joachim Ringelnatz

b) Lesen Sie ein Gedicht vor. Achten Sie auf [z], [s] **und** [ts].

17

4 Bilder mit Vergangenheit und Zukunft. **Wählen Sie ein Bild aus und schreiben Sie einen Text.**

Wer sind die Menschen?
Was machen sie? Woher kommen sie?
Was haben sie vor?

Übungen 3

1 Eine Reise planen

a) Sehen Sie die Fotos an. Beschreiben Sie: Was macht Katja?

Foto a: Katja sitzt am Schreibtisch.
Sie ...

b) Was sagen die Bilder? Was für eine Reise plant Katja? Schreiben Sie Sätze.

arbeiten – beruflich verreisen – Termin in Hamburg – Verbindung suchen

Ich glaube, Katja muss ... Wahrscheinlich fährt sie ...
Ich denke, ... Vielleicht ...

2 Wiederholung *weil*-Sätze. **Wo machen Sie (nicht) gern Urlaub?**
Schreiben Sie Sätze mit *weil*.

| Ich | fahre | gern / nicht gern | in die Berge, / ans Meer, / in eine Stadt, | weil ... |

Ich schwimme gern. – Ich finde Strandurlaub langweilig. – Es ist über 1000 Meter
sehr kalt. – Meine Kinder spielen gern am Strand. – Es ist zu laut. – Ich möchte mit
meiner Familie wandern. – Ich möchte oft ins Theater gehen. – Man gibt jeden Tag
viel Geld aus. – Ich kann nicht schwimmen. – Ich liebe die Natur. – Ich mag lange
Strandspaziergänge. – Es gibt dort viele Sehenswürdigkeiten.

3 **Wortfeld Reisen.** Finden Sie dreizehn Wörter und ergänzen Sie die Sätze.

A	R	B	P	B	U	T	O	P	G	H	A	P	E	N
N	E	A	O	L	X	B	U	C	H	D	J	O	N	T
A	I	T	R	E	I	M	F	O	R	S	E	S	E	R
B	S	U	T	R	V	U	K	M	J	T	W	T	F	O
R	E	L	E	I	I	S	A	P	E	A	L	K	Z	F
E	P	P	M	E	S	I	L	U	K	D	R	A	U	L
I	A	U	O	S	I	N	E	T	E	T	A	R	L	U
W	S	M	N	U	T	S	O	E	R	P	N	T	J	G
O	S	O	N	N	E	N	B	R	I	L	L	E	I	T
L	O	R	A	O	N	A	L	Q	T	A	O	U	R	I
K	U	L	I	C	K	R	E	H	A	N	D	Y	N	C
A	U	R	E	H	A	L	Y	W	E	I	G	E	L	K
U	N	T	S	K	R	E	D	I	T	K	A	R	T	E
L	E	A	T	A	T	K	I	S	I	O	E	W	Z	T
S	I	H	O	T	E	L	Z	I	M	M	E	R	E	N

1. ■ Entschuldigung, kann ich im Flugzeug meinen .... *Computer* .... benutzen?
   ◆ Ja, später. Aber jetzt beim Start müssen Sie ihn ausmachen.

2. Vergiss das .... und deinen ....
   nicht oder du kannst nicht fliegen!

3. Wie schön! Im Urlaub kann ich ein .... lesen!

4. ■ Wo ist denn die Kantstraße?
   ◆ Hier in der Nähe. Hast du keinen .... ?

5. Du fliegst nach Italien? Vergiss deine .... nicht!
   Dort ist tolles Wetter!

6. Bitte schreib mir eine .... aus dem Urlaub.

7. ■ Haben Sie schon ein .... für mich reserviert?
   ◆ Ja, natürlich. Ein Doppelzimmer mit Blick auf den See.

8. Bei meiner Reise in die Schweiz nehme ich zwei .... mit:
   eins für Schweizer Franken und eins für Euro.

9. ■ Können wir Sie in Genf erreichen?
   ◆ Ja. Haben Sie meine .... nummer?

10. ■ Bezahlen Sie Ihre Rechnung in bar oder mit .... ?
    ◆ Nehmen Sie Visa?

11. ■ Wir müssen noch Tante Gerda eine Postkarte schreiben.
    ◆ Ja, das mache ich sofort. Gib mir doch mal einen ....

12. ■ Mein Name ist Weimann. Darf ich Ihnen meine ....
    geben?
    ◆ Gern. Ich gebe Ihnen auch meine.

4 **Nach Informationen fragen.** Hier sind die Antworten. Stellen Sie die Fragen.

- *Wann* ....
- ◆ Der erste Zug nach Köln fährt morgen um 5.37 Uhr.

- ■ ....
- ◆ Moment. Die Ankunft in Köln ist um 9.53 Uhr.

- ■ ....
- ◆ Nein, der Zug fährt direkt bis Köln.

- ■ ....
- ◆ Gern. Hier bitte – Ihre Verbindung.

- ■ ....
- ◆ Ohne BahnCard kostet die einfache Fahrt 59,– Euro.

- ■ ....
- ◆ Gern. Das ist dann Wagen 23, Platz 8. So, ich bekomme mit der Reservierung 62,– Euro.

5 **Eine Urlaubsreise planen**

a) Lesen Sie den Text und sammeln Sie die Informationen in einer Tabelle im Heft.

649 € pro
Person und Woche
Kinder: 199 €

DAS HOTEL
Direkt am Strand von El Bajondillo im Süden von
Spanien liegt unser schönes Hotel „Al Sur". Es hat
250 Zimmer – die meisten mit Blick auf das Meer.

DIE ZIMMER
Alle Zimmer mit Bad oder Dusche, Klimaanlage, TV,
Telefon, Minibar und Balkon (Größe: ca. 25 m^2)

SERVICE
Zum Hotel gehören ein Pool, Tennisplätze und ein
Fitnessstudio. Im Hotel gibt es Geschäfte und einen
Supermarkt. Mit unseren Animateuren erleben Sie
und Ihre Kinder Spaß und Unterhaltung!

Wo?	das Hotel	die Zimmer	der Service	der Preis
....	....	....	....	....

b) Schreiben Sie einen Dialog mit den Informationen aus der Tabelle in Aufgabe a).

Wo ...? – Was kostet ...? – Gibt es ...? – Wie groß ...?

– *Guten Tag, ich suche eine Reise in den Süden für mich und meine Familie.*
  Unser Sohn ist sechs Jahre alt. Haben Sie ein interessantes Angebot?
+ *Wir haben eine Reise nach Südspanien im Angebot. Es gibt dort ein sehr schönes Hotel.*
– *Wo liegt ...*

6 *Aber-*Sätze. Ergänzen Sie die Sätze.

1. Meine Frau möchte gern mit dem Auto nach Spanien fahren, – ein Flug / schneller

   ....

2. Ich möchte gern eine große Reise machen, – Urlaub zu Hause / billiger

   ....

3. Wir machen gern Strandurlaub, – eine Rundreise / interessanter

   ....

7 Textkaraoke. Hören Sie und sprechen Sie die 👂-Rolle im Dialog.

👂 ...

👅 Guten Tag. Haben Sie noch ein Zimmer frei?

👂 ...

👅 Für zwei Nächte. Heute und morgen.

👂 ...

👅 Ein Doppelzimmer bitte. Können Sie noch ein Kinderbett in das Zimmer stellen?

👂 ...

👅 Prima. Was kostet das Zimmer pro Nacht?

👂 ...

👅 Gut, ich nehme das Zimmer.

👂 ...

👅 Ja, natürlich. So, bitte.

👂 ...

👅 Vielen Dank.

Anmeldeformular
Bonus Hotel, München

Name / Vorname/First Name
Strasse/Street
Postleitzahl/ZIP Code / Wohnort/City / Land/Country

Wichtig:
Für Geld und Wertsachen nutzen Sie bitte die Schließfächer an der Rezeption.
Important:
For Money and Valuables please use safe deposit box at the front desk.

Firma/Company
○ Bar/Cash
○ Credit Card
○ a conto / on account

Unterschrift/Signature

Zimmer Nr./Room / Person/Person / Ankunft/Arrival / Abreise/Departure / Preis / Clerk

8 Modalverb *sollen*

a) Frau Fuchs bucht im Reisebüro eine Reise für ihren Mann. Was soll er tun?

Reisepass kopieren – Parkplatz am Flughafen reservieren – in Deutschland kein Geld wechseln – Koffer abschließen

1. *Du sollst deinen Reisepass kopieren.* ....

2. ....

3. ....

4. ....

b) Der Chef macht eine Geschäftsreise. Seine Sekretärin hat eine Liste mit Aufgaben.

1. *Frau Mielitz soll ein* ....

2. ....

3. ....

4. ....

Frau Mielitz
- Hotel buchen
- Flugticket online reservieren
- Taxi bestellen
- Termin mit Geschäftspartner machen

9 **Reiseangebote im Radio. Hören Sie die drei Angebote und notieren Sie die Informationen.**

	Wo?	Hotel	Angebote	Wie lange?	Preis
1.	....	....	....	....	....
	....	....	....	....	....
2.	....	....	....	....	....
	....	....	....	....	....
3.	....	....	....	....	....
	....	....	....	....	....

10 **Urlaub vom Alltag. Lesen Sie den Text und ergänzen Sie die passenden Wörter.**

bei einer Firma – etwas erleben – meine Familie – warmes Wasser – mit den Hunden – in Zelten – gut erholt – Strandurlaub machen – in einem großen Haus

Mit dem Hundeschlitten durch die Schweiz

Immer mehr Menschen wollen im Urlaub etwas erleben. Sie buchen einen Abenteuerurlaub. Volker Mende ist einer von ihnen.

Volker Mende ist Programmierer

....[1] in Stuttgart. Er ist verheiratet und lebt mit seiner Frau und seinen beiden Kindern

....[2].

Im Sommer fahren sie meistens ans Meer. Aber Herr Mende möchte mehr. Er sagt: „Immer nur vor dem Computer sitzen und im

Sommer ....[3] ist langweilig. Einmal im Jahr möchte ich

....[4].

Dann mache ich Urlaub allein, ohne

....[5].

Dieses Jahr fahre ich eine Woche mit einem Hundeschlitten durch die Schweiz. Ein Leben ohne Elektrizität und

....[6], nur

die Hunde und die Natur! Für eine Woche ist das toll." Mit einer Gruppe von drei anderen Männern und zwei Frauen wandert und fährt

er ....[7] durch die Berge in der Schweiz. Am Abend kochen sie gemeinsam am Feuer und schlafen

....[8].

Nach einer Woche Abenteuerurlaub kommt

Herr Mende ....[9] nach Hause zurück. Dann macht auch der Alltag wieder Spaß.

Wollen auch Sie etwas Besonderes erleben? Machen Sie Abenteuerurlaub mit uns! Rufen Sie uns an: 0180-7645321 oder besuchen Sie uns im Internet.

Das kann ich auf Deutsch

über eine Reise sprechen / Vermutungen äußern

Ich glaube, sie hat eine Geschäftsreise gemacht. Wahrscheinlich ist sie geflogen.
Vielleicht nimmt sie ein Taxi.

eine Reise planen

Wann fährt der Zug nach Bern?
Wie oft muss ich umsteigen? / Ich habe eine BahnCard 50.
Ich möchte einen Flug nach Wien buchen.

Wortfelder

Reisen

der Reiseführer, der Reisepass,
die Kreditkarte, das Hotelzimmer,
die Reservierung, die Übernachtung

Verkehr

die S-Bahn, das Flugzeug, die Bahn,
die Verbindung, die Fahrkarte, die Fahrzeiten,
die Abfahrt, die Ankunft, das Gleis

Grammatik

Modalverb *sollen*

Frau Meister **soll** ein Doppelzimmer reservieren.
Das Reisebüro sagt, dass du den Reisepass kopieren **sollst**.

Sätze mit *aber*

Fernreisen sind interessant, **aber** teuer.
Die Reise mit dem Zug ist bequem, **aber** sie dauert länger.

Alternativen mit *oder*

Kaffee **oder** Tee? Rock **oder** Hose?

Aussprache

s-Laute

[z] die Reise – [s] die Straße, der Bus – [ts] der Platz, die Zeit, die Tickets

Laut lesen und lernen

Ich brauche einen Flug nach Budapest.
Einfach oder hin und zurück?
Muss ich umsteigen?
Zahlen Sie bar oder mit Karte?
Können Sie die Verbindung bitte ausdrucken?

10

1 Berufsbild selbstständige Übersetzerin: Sprachenservice als Geschäftsidee

1 **Ein Foto und eine Visitenkarte.** Welche Informationen finden Sie über Patrizia Klein?

Übersetzungsbüro
und Sprachenservice

Patrizia Klein

Klausener Straße 13
99099 Erfurt

Tel: 03 61-349 56 31
pklein@sprachenservice.de

2 **Biografische Informationen.**
Sammeln Sie im Text Informationen über Patrizia Klein (Fragen 1 und 2). Sprechen Sie im Kurs über Frage 3.

1. Schule/Studium/Berufswahl?
2. Was macht ein „Sprachenservice"?
3. Wie finden Sie die Geschäftsidee?

Patrizia Klein hat in der Schule Russisch gelernt und dann Englisch, Spanisch und Deutsch als Fremdsprache studiert. Im letzten Jahr hat sie ihren Magister gemacht. Zuerst wollte sie bei einer Sprachenschule arbeiten, aber das war nicht einfach. Die meisten Schulen haben nur Lehrer/innen für zwei bis vier Stunden gesucht und das war für sie zu wenig.

5 Dann hatte sie die Geschäftsidee mit dem Sprachenservice: Übersetzungen machen, dolmetschen, Briefe in den Fremdsprachen Englisch und Spanisch schreiben. Sprachenservice heißt auch, dass sie oft für deutsche und ausländische Studierende der Universität Erfurt Magisterarbeiten tippt oder sie korrigiert. Viele kleine Firmen, sagt Patrizia, haben jetzt auch Kontakt mit Firmen im Ausland, aber sie haben kein Geld für einen eigenen Kommunikationsexperten. Dann fragen sie bei ihr an.

10 Eine Firma hat z. B. eine Übersetzung für eine Bedienungsanleitung gebraucht. Sie hat auch schon auf Messen gedolmetscht. Sie sagt, dass das anstrengend ist, weil man sich sehr konzentrieren muss, aber es macht ihr Spaß und sie lernt sehr viel. Manchmal fragen Kunden auch nach Übersetzungen in weniger bekannte Sprachen wie Lettisch oder Albanisch. Sie hat eine gute Internetseite gefunden. Dort kann man Aufträge mit anderen Büros tauschen. Das ist sehr praktisch.

15 Heute findet sie es gut, dass sie sich selbstständig gemacht hat. Aber es ist manchmal nicht leicht. Man muss immer darauf achten, dass man genug neue Aufträge bekommt, und hat nie Feierabend. Man hat keinen Chef mehr, aber es gibt auch keine regelmäßigen Arbeitszeiten. Ab nächsten Monat hat Patrizia eine Angestellte im Büro.

 3 **Hören Sie das Interview und notieren Sie Antworten zu den Fragen.**

18

1. Wer sind die Kunden von Patrizia?
2. Wie sieht ihr Alltag aus?
3. Was war ihr interessantester Auftrag?

4 **Selbstständig. Lesen Sie den Wörterbuchauszug. Was heißt „selbstständig" für Patrizia? Was tun Sie „selbstständig"?**

sẹlb·stän·dig, a. sẹlbst·stän·dig <nicht steig.> Adj. **1.** nur mit eigenem Wissen und Können, ohne fremde Hilfe Die Schüler sollen die Aufgabe selbstständig lösen! **2.** so, dass man nicht angestellt ist, sondern eine eigene Firma hat. Er ist seit zwei Jahren selbstständig.

5 **Übersetzen trainieren – ein Rollenspiel im Kurs**

a) Vorbereitung. Arbeiten Sie in Gruppen zu dritt. Wählen Sie eine Situation aus und notieren Sie wichtige Wörter.

Ein Gast besucht Ihr Institut. Er spricht Deutsch.
Ihr Institutsleiter spricht kein Deutsch.
Sie übersetzen im Gespräch.
Wie viele Studenten gibt es?
Wie viele Lehrerinnen und Lehrer?
Welche Kurse gibt es?
Wie lange ...

Ein Bekannter aus Deutschland besucht
Ihre Familie. Ihr Vater spricht kein Deutsch.
Sie übersetzen.
Sie reden über das Wetter.
Wie groß ist die Stadt? / Was kann man hier tun?
Welche Sehenswürdigkeiten gibt es?
Wer arbeitet wo?

b) Spielen Sie die Gespräche.

Er hat gesagt,
dass es diese Schule
seit 15 Jahren gibt.

c) Diskutieren Sie im Kurs: Was war schwer? Was ist wichtig beim Übersetzen?

6 **Grammatikwiederholung. Im Text auf Seite 52 finden Sie sechs Grammatikformen aus Band A1 und aus Band A2 (Einheiten 1 bis 3). Notieren Sie die Zeilennummern aus dem Text.**

1. Nebensatz mit *dass:*   Zeile 6,.............

2. Komparativ: Zeile ....

3. Nebensatz mit *weil* (Gründe):   Zeile ....

4. Adjektiv vor Nomen (Attribut):   Zeile ....

5. Verneinung: Zeile ....

6. Präposition *mit* plus Dativ: Zeile ....

2 Grammatik – Spiele – Training

1 Adjektivtraining

a) Ordnen Sie jedem Nomen ein Adjektiv zu.

die Oma, das Haus, der Computer, der Hund –
alt, dick, klein, freundlich

Oma	dick

**Üben Sie zu zweit: Fragen Sie Ihre Partnerin /
Ihren Partner.**

- Hast du eine dicke Oma?
- ◆ Nein. Hast du einen alten Computer?
- Ja.
- ◆ Und hast du ein kleines Haus?

Minimemo

**Adjektivendung
beim unbestimmten
Artikel im Akkusativ**

der → alt**en**
das → klein**es**
die → dick**e**

**b) Ordnen Sie zu wie in a), notieren Sie drei
Kombinationen und fragen Sie Ihren Partner.**

ins Kino		neu	Freund
in die Disko	mit deinem	alt	Auto
in die Ferien	mit deiner	toll	Freundin

Minimemo

**Adjektivendungen bei
allen Artikeln im Dativ**

der → neu**en**
das → alt**en**   immer **-en**
die → toll**en**

Disko	toll	Freund

- Gehst du mit deinem tollen Freund in die Disko?
- ◆ Nein. Fährst du mit deinem neuen Auto ...
- ...

2 Ein Gedächtnisspiel zum Thema Reisen

**a) Sehen Sie das Bild eine
Minute an und merken Sie
sich so viele Gegenstände
wie möglich.**

**b) Schließen Sie das Buch und
notieren Sie die Gegenstände.
Sie haben eine Minute Zeit.**

c) Schreiben Sie eine Geschichte zu dem Bild.

Wer wohnt in dem Zimmer? Wie ist die Person? Welchen Beruf hat er/sie?
Wo kommt er/sie her? In welcher Stadt ist er/sie jetzt? Warum? Was hat er/sie schon
in der Stadt gemacht? Was will er/sie noch tun? Reist er/sie allein? Was macht er/sie
am Abend?

3 Selbstevaluation: Familienwörter – Wortfamilien

a) Ergänzen Sie die Paare.

1. Großväter und ....

2. Tanten und ....

3. Schwestern und ....

4. Cousins und ....

5. Söhne und ....

6. Oma und ....

b) Notieren Sie zehn Familienwörter.

jünger

Enkel   Enkelkinder

männlich ——————— weiblich ——————— männlich und weiblich ———

Vater

älter

4 Eine Aussage wiederholen und seine Meinung ausdrücken.
Schreiben Sie Sätze mit *dass*.

Lange schlafen macht schlank

Wissenschaftler sagen: Lange schlafen macht schlank. Man muss mindestens acht Stunden pro Nacht schlafen.

Wissenschaftler haben gesagt, dass ...
Sie meinen, dass man ...
Ich finde, dass ...

das stimmt nicht – man soll weniger Schokolade / mehr Salat essen – Sport machen

5 Wer soll was tun?
Schreiben Sie die Sätze.

1. Paul,
bitte Herrn Friedrich unter der Nummer
0171 – 98733 11
anrufen. Gruß Katja

2.

Hi Uli. Bringst du Kuchen mit? Tanja

6 „Kursevaluation" – ein Adjektivspiel

a) Notieren Sie sieben Adjektive auf einem Zettel: Wie sind Personen und Sachen?

b) Ergänzen Sie den Text mit den Adjektiven. Achten Sie auf die richtige Endung und lesen Sie vor.

Wir haben wirklich einen (1) .... Deutschkurs. Die (2)

.... Kursteilnehmer und die (3) .... Kursteil-

nehmerinnen hatten schon am ersten Tag viel Spaß. Unsere (4) ....

Lehrerin hat immer (5) .... Übungen mit uns gemacht und uns

die (6) .... deutsche Grammatik erklärt. In einem so

(7) .... Kurs möchte man gern weiter lernen.

3 Videostation 1

1 Das Projekt. Lesen Sie die fünf Aussagen über den ersten Teil des Videos. Welche vier sind richtig?

1. Im Filmabschnitt „Das Projekt" geht es um Katjas Arbeit im Verlag.
2. In dem Filmabschnitt geht es um die Planung für ein Videoprojekt in Hamburg.
3. In dem Filmabschnitt geht es um eine Ferienreise nach Hamburg mit Kolleginnen.
4. Man kann in Deutschland Fahrkarten zu Hause am Computer ausdrucken.
5. Der Verlag plant eine Kooperation mit einem Filmteam in Hamburg.

2 Zwölf Tätigkeiten im Büro. Katja arbeitet im Verlag. Welche Tätigkeiten sehen Sie im Abschnitt „Das Projekt"?

1. ☐ am Computer arbeiten
2. ☐ eine Reise vorbereiten
3. ☐ mit Kolleginnen sprechen
4. ☐ Briefe öffnen und sortieren
5. ☐ Briefe schreiben
6. ☐ Fahrkarten ausdrucken
7. ☐ in die Kantine gehen
8. ☐ Briefe zur Post bringen
9. ☐ telefonieren
10. ☐ Termine machen
11. ☐ Kunden betreuen
12. ☐ Kopien machen

3 Drei Personen im Film. Welche Aussagen passen zu welcher Person? Ergänzen Sie die Namen.

a) Katja b) Frau Kranz c) Katjas Kollege

1. ☐ will, dass Katja ein Projekt organisiert.
2. ☐ sucht die Verbindung mit der Bahn im Internet.
3. ☐ hat mit Frau Dr. Garve, der Chefin, gesprochen.
4. ☐ bereitet eine Reise vor.
5. ☐ will in die Kantine gehen.
6. ☐ schlägt vor, dass sie zuerst nach Hamburg fährt.
7. ☐ sagt, dass sie als Kind schon mal in Hamburg war.
8. ☐ ruft ihre Freundin in Hamburg an.
9. ☐ weiß, was man heute in der Kantine essen kann.

4 Informationen sehen und hören. Sehen Sie die Szene an und ergänzen Sie die Informationen.

Die Gegenstände auf dem Tisch von Frau Kranz: ....

Das Kantinenessen heute: ....

5 Mit dem Zug nach Hamburg. Beantworten Sie die Fragen.

1. An welchem Tag fährt Katja nach Hamburg? Um wie viel Uhr?
2. Wann kommt sie an?
3. Welchen Platz hat sie reserviert?
4. Muss sie umsteigen?
5. Was kostet die Fahrkarte?

6 Katja telefoniert mit der Videofirma in Hamburg. **Was antwortet sie? Ergänzen Sie den Dialog.**

- ■ Kingandqueen Hamburg, guten Morgen.
- ◆ Guten Morgen, mein Name ist Katja Damsch. Es geht um unser neues Landeskundeprojekt.
- ■ Hallo Frau Damsch, soll ich nach Berlin kommen?

- ◆ ....

- ■ Geht es bei Ihnen am 10. Juli?

- ◆ ....

- ■ Ja gut, das geht auch, soll ich Sie am Bahnhof abholen?

- ◆ ....

7 Katja am Bahnhof Hamburg Dammtor. **Ordnen Sie: Was macht sie?**

Zuerst ..., dann ..., danach ...

8 Justyna und Katja treffen sich in Hamburg.
Katja erzählt. Ordnen Sie die Informationen den Personen zu.

Katjas Vater
Katjas Mutter
Andrick
Ihre Freundin Da
Matthias

a hat geheiratet.
b ist arbeitslos.
c hat eine halbe Stelle in einem Supermarkt.
d arbeitet jetzt in New Orleans in den USA.
e schreibt an seiner Magisterarbeit.
f kommt im Oktober zurück.

9 Landeskunde: Das „Alte Land" bei Hamburg. **Ergänzen Sie den Text mit Informationen aus dem Film.**

„Das „Alte Land" liegt ....¹ Elbe ....² von Hamburg.

Hier ....³ das kleine Städtchen Jork. Das „Alte Land" ist seit dem

...................⁴ Obstanbaugebiet in ....⁵. Hier stehen

...................⁶ Obstbäume. ....⁷ ist Erntezeit für

die Äpfel. Dann kommen viele Touristen aus ....⁸.

Der beliebteste ....⁹ ist das „Apfeldiplom". Man lernt verschiedene

...................¹⁰ und ....¹¹ mit Äpfeln kennen.

Heinrich Schuhback ist Obstbauer und ....¹².

Aristoteles unterrichtet Alexander den Großen und andere Schüler. Französische Buchmalerei aus dem 15. Jahrhundert

SOKRATES
COMENIUS • LINGUA • ARION
im Überblick

EUROPA –
TRADITIONELL MEHRSPRACHIG

Europa war immer mehrsprachig. Vor 2000 Jahren war Griechisch die wichtigste Sprache für Bildung und Wissenschaft. Lateinisch war die erste *Lingua franca* in Europa. Die meisten Menschen mit Schulbildung in Europa haben Lateinisch gesprochen. In den Gymnasien mussten fast alle Schülerinnen und Schüler bis vor 50 Jahren Latein lernen. Französisch war seit dem 17. Jahrhundert die Sprache der Politik und der Diplomatie und ist heute noch in der Europäischen Union eine offizielle Amtssprache neben Englisch.

In Mittel- und Osteuropa war Russisch bis vor 15 Jahren am weitesten verbreitet. Alle Schüler und Schülerinnen mussten Russisch lernen. Englisch und Deutsch war zweite bzw. dritte Fremdsprache. Heute lernen in ganz Europa die meisten Schülerinnen und Schüler Englisch als erste Fremdsprache. Es ist die wichtigste Sprache in den meisten Berufen. Deutsch ist als zweite Fremdsprache am populärsten, und immer mehr Schüler in Westeuropa lernen auch Spanisch.

Europäisches Sprachensiegel

2025

Fremdsprache im Sachfach

Förderung des bilingualen Lernens an Schulen und Hochschulen (CLIL/EMILE)

Was kann man mit Bildern machen ?!

- im Kurs zusammen anschauen
- beschreiben: Personen, Orte, ...
- mit anderen Bildern vergleichen
- Vermutungen äußern:
  Wer hat das Bild gemacht? Für wen?
- eine Geschichte zum Bild schreiben/erzählen

„Ein japanisches Sprichwort sagt: Nur die Reise ist schön – nicht das Ankommen.

Vielleicht liebt man an einer fremden Sprache genau diese Reise. Man macht auf dieser Reise viele Fehler, aber man kämpft mit der Sprache, man dreht die Wörter nach links und rechts, man arbeitet mit ihr, man entdeckt sie.

Meine deutschen Wörter haben keine Kindheit, aber meine Erfahrung mit deutschen Wörtern ist ganz körperlich. Die deutschen Wörter haben Körper für mich. Ich bin ihnen im wunderbaren deutschen Theater begegnet."

Emine Sevgi Özdamar, „Meine deutschen Wörter haben keine Kindheit"

ENGLISCH –
PROBLEM ODER LERNHILFE?

„Das ist doch nur eine Mode. In unserer Sprache ist es genau so."

„Englisch hilft beim Deutschlernen"

„Englische Wörter in der deutschen Sprache sind für mich ein Problem. Man findet sie meistens nicht im Wörterbuch."

pro **contra**

„Schluss mit Denglisch!"

Sprachen leben. Sie tauschen Wörter. Sie verändern sich. Zweite und dritte Sprachen lernt man leichter als die erste
5 Sprache. Deutsch und Englisch haben eine gemeinsame Geschichte und viele gemeinsame Wörter. Viele neue Wörter aus der Technik und aus den
10 Medien kommen aus der englischen Sprache und sind jetzt international: *Internet, mailen, downloaden* … Deutsch und die skandinavischen Sprachen
15 nehmen besonders schnell englische Wörter auf. Das ist ein Vorteil für Lerner!

Es ist eine Mode. Viele sagen, es ist eine Katastrophe für die Sprache. Überall in Deutschland, Österreich und in der
5 Schweiz findet man englische Wörter. Die Werbung liebt sie. Aber warum muss eine Toilette im Bahnhof *McClean* heißen, ein Imbiss *Snack Point,* ein Café *coffee shop* und ein
10 Schuster *Mister Minit*? Die meisten Deutschen meinen, *Handy* ist ein englisches Wort. Englisch klingt modern. Englisch ist in. Aber Englisch ist
15 eine Krankheit. Die Sprache zerstört andere Sprachen!

„Ich habe zuerst Englisch gelernt. Für mich sind englische Wörter eine Hilfe."

„Man weiß nie, wie man diese Wörter aussprechen soll: Deutsch oder Englisch?"

Was kann man mit Texten machen ?!

- Überschriften lesen / neue Überschriften finden
- den Text schnell lesen und herausfinden, worum es geht
- laut lesen und auf Kassette aufnehmen
- einen interessanten Text ganz genau lesen
- Stichwörter notieren
- mit anderen Kursteilnehmern über den Text sprechen: Was findest du interessant? / Was hast du verstanden?
- einen Kommentar schreiben
- ein Bild malen / Fotos zum Text finden

1 Hobbys

1 Menschen und ihre Hobbys

a) Sehen Sie die Fotos an.
Welches Hobby passt zu wem?

Ulf, 39, Software-Berater

Sylke, 41, LKW-Fahrerin

Da, 26, Studentin

a

reiten

b

Marathon laufen

c

Musik machen

19

b) Hören Sie die Interviews und ordnen Sie zu. War Ihre Vermutung richtig?

c) Hören Sie noch einmal und sammeln Sie Informationen.

Was?	Wie oft?	Wo?	Was ist schön?
....	....	....	....

2 **Lesestrategie: Texte durch Zahlen verstehen.** Notieren Sie die passenden Informationen zu den markierten Zahlen in den Texten.

STIFTUNG WARENTEST
testet 18 Fitness-Studios in München.
Ergebnis: zu wenig Beratung!
Rund fünf Millionen Deutsche erholen sich regelmäßig in Fitness-Studios. Und es werden immer mehr. Jeder zweite Besucher ist über 40 Jahre alt. Das Training im Fitness-Studio ist gut für den Rücken und baut die Muskeln auf. Das ist gut für alle Büroarbeiter, aber viele Studios beraten nicht richtig und lassen den Kunden allein.
www.stiftung-warentest.de

Zermatt-Marathon:
Neuer Streckenrekord!
Der Sieger im 4. Zermatt-Marathon heißt nach 2004 bereits zum zweiten Mal Billy Burns. Am Favoriten Billy Burns war kein Vorbeikommen. Für die 42,195 Kilometer brauchte er 3 Stunden 4 Minuten und 20 Sekunden. Insgesamt waren 650 Läuferinnen und Läufer beim schönsten Marathonlauf in Europa am Start.
www.zermatt-marathon.ch

Hier lernen Sie

▶ über Hobbys und Interessen sprechen
▶ positiv/negativ oder überrascht auf etw. reagieren
▶ Reflexivpronomen: *sich ausruhen*
▶ Zeitadverbien: *zuerst, dann, danach*
▶ reflexive Verben mit Präpositionen: *sich ärgern über*
▶ Indefinita: *niemand, wenige, viele, alle*
▶ Aussprache emotional markieren

 3 **Eine Toncollage. Hören Sie und ordnen Sie die Töne und Fotos den Hobbys zu.**

20

1 b Computerspiele
☐ ☐ Motorrad fahren
☐ ☐ im Chor singen
☐ ☐ Salsa tanzen
☐ ☐ Klavier spielen
☐ ☐ schwimmen
☐ ☐ im Haus arbeiten

Lerntipp

!

Das Gehirn liebt Paare: Nomen mit Verben lernen!

Klavier spielen /
Sport machen /
Briefmarken sammeln

4 **Und Sie? Welche Hobbys haben Sie?**

Ü1

Ich sammle Briefmarken.

Ich spiele Gitarre in einer Hard-Rock-Band.

2 Freizeit und Forschung

1 Eine Umfrage vom B.A.T.-Freizeitforschungsinstitut zum Thema *Freizeitaktivitäten*
Lesen Sie den Text. Sammeln Sie die
Freizeitaktivitäten und ordnen Sie sie:
Was hilft gegen Stress? Welche
Hobbys sind teuer, welche sind billig?

Radio hören, Zeitung lesen ...

Seit den 70er Jahren gehören Fernsehen, Radio hören und Zeitung lesen zu den beliebtesten Freizeitaktivitäten. Heute sind auch die elektronischen Freizeitmedien sehr 5 beliebt, z.B. Musik und Spiele auf CD oder DVD. Die Deutschen interessieren sich aber immer noch mehr für Bücher als für Computerspiele. Der Alltag ist stressig, die Leute freuen sich auf das Wochenende und wollen 10 sich ausruhen, nichts tun und ausschlafen. Wellness ist in: Immer mehr Leute achten auf ihre Gesundheit, sie entspannen sich mit Yoga oder gehen in die Sauna. Auch die Arbeit im Garten ist beliebt und hilft gegen Stress.

15 Ein Trend im dritten Jahrtausend: Auf der einen Seite gibt es mehr Freizeitangebote als früher. Auf der anderen Seite müssen viele Menschen aber sparen. Immer mehr Deutsche fahren Fahrrad oder skaten. Andere treffen 20 sich mit Freunden und kochen zusammen. Viele beschäftigen sich mit einem Haustier. Teure Freizeitaktivitäten wie z.B. ins Kino gehen, sich zum Essen verabreden oder in die Disko gehen sind out. „Die Bundesbürger machen 25 eine neue Erfahrung: Freizeit muss nicht immer Geld kosten", so Prof. Dr. Horst W. Opaschowski, der Leiter des B.A.T.-Freizeitforschungsinstituts.

Quelle: www.bat.de

2 Über Sport und Hobbys sprechen. Was machen Sie gern in Ihrer Freizeit /
Ü2-5 abends / am Wochenende? Fragen und antworten Sie im Kurs.

Ich gehe gern schwimmen.

Ich schwimme nicht so gern. Ich treffe mich lieber mit meinen Freunden.

Redemittel	über Hobbys und Interessen sprechen	
	☺	☹
	Ich mag ...	Ich mag ... nicht. Mir gefällt ... besser.
	Ich gehe/spiele/fahre gern ...	... finde ich nicht so gut / langweilig.
	Am liebsten ...	Ich ... lieber ...
	Ich interessiere mich für ...	... spiele/mache/fahre ich nicht so gern.
	Ich treffe mich oft mit ...	

3 Interviews. Fragen Sie im Kurs.

Beispiel: Magst du Tiere? – Ja! – Dann unterschreibe bitte hier.

Fragen   Unterschrift

1. Interessierst du dich für Politik?
2. Freuen Sie sich über spontanen Besuch?
3. Fühlst du dich heute gut?
4. Machst du gerne Sport?
5. Ärgerst du dich über schlechtes Wetter am Wochenende?
6. Hast du heute schon gelacht?

4 Reflexivpronomen

11 Ü6

a) Lesen Sie die Sprechblasen und ergänzen Sie die Tabelle.

Ich fühle mich guuut!

Toll, du fühlst dich gut.

Oh, er fühlt sich schlecht!

Wir fühlen uns schlecht!

Grammatik					
	ich	*mich*	wir	....	
	du	....	ihr	euch	
	er/es/sie	....	sie/Sie	sich	

b) Sehen Sie sich die Seite 117 im Anhang an. Vergleichen Sie die Tabelle mit den Personalpronomen im Akkusativ. Finden Sie den Unterschied?

5 **Nach dem Sport.** Was machen Sie zuerst, dann, danach?

Zuerst ruhe ich mich aus, dann ..., danach ...

sich ausruhen – sich umziehen – nach Hause fahren – sich schminken / sich rasieren – etwas trinken – sich duschen – etwas essen – sich eincremen – sich abtrocknen

 6 **Reflexive Verben mit Präpositionen.**

11 Ü7

Markieren Sie sie in Aufgabe 1 und 3.

Interessierst du dich für Politik?

Lerntipp

Das Gehirn liebt Paare:
Verben mit Präpositionen lernen!

sich interessieren für

 7 **Über Interessen sprechen.** Hören Sie und sprechen Sie nach.

21

8 **Wörternetze im Kopf**

a) Sammeln Sie Hobbys und ordnen Sie sie in das Schema ein.

b) *Und/aber.* Vergleichen Sie im Kurs.

Fahrrad fahren ist billig und gesund.

Surfen ist gesund, aber teuer.

Das finde ich nicht.

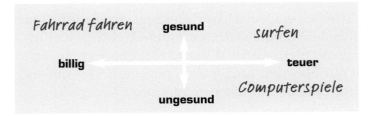

Fahrrad fahren   **gesund**   surfen

billig ←——————→ **teuer**

Computerspiele

ungesund

3 Leute kennen lernen – im Verein

In Vereinen lernt man schnell neue Leute kennen, weil das Hobby und das Zusammensein für alle wichtig sind. Die Mitglieder treffen sich regelmäßig, feiern Feste zusammen oder renovieren das Vereinsheim.

1 Interessen und Vereine

a) Sie sind neu in Bremen und möchten Leute kennen lernen. Welcher Verein passt? Lesen Sie und ordnen Sie zu.

Interessen		Vereine in Bremen	
anderen Menschen helfen	1	a	Automobil-Sport-Club Bremen e.V.
sich um Tiere kümmern	2	b	SV Werder Bremen
tanzen lernen	3	c	Rock 'n' Roll & Boogie Rebells Bremen
im Chor singen	4	d	Bremer Tierschutzverein e.V.
sich mit seinem Auto beschäftigen	5	e	Deutsches Rotes Kreuz
Fußball spielen	6	f	Chorgemeinschaft Bremen-West
Menschen aus Ägypten und Deutschland treffen	7	g	Deutsch-Ägyptischer-Freundschafts-verein e.V.

b) Was sind Ihre Interessen? Sprechen Sie im Kurs.

in eine/n Tanzschule/Chor/Tennisverein/Handballverein

Ich tanze gern.

Geh doch in eine Tanzschule.

Ich möchte gern ...

Vereinsleben in Deutschland

Im 19. Jahrhundert haben Arbeiter in Deutschland Gesangsvereine und Turnvereine gegründet, weil politische Vereine verboten waren. Heute gibt es in Deutschland 574 359 Vereine mit mehr als 70 Millionen Mitgliedern. In Vereinen engagieren sich nicht nur Sportler. Es gibt auch politische Vereine und Interessenvereine, z. B. für Autofans, Kaninchenzüchter oder Naturschützer.

2 **Die Deutschen und ihre Vereine.** Lesen Sie den Text und ergänzen Sie die Tabelle.

Chunyan, 23, aus China

Ich habe drei Monate bei einer Familie in Ronshausen gewohnt.
Das ist ein Dorf in Nordhessen. Im Dorf gibt es 2000 Einwohner und
30 Vereine. Alle aus der Familie waren in mindestens zwei Vereinen:
die Tochter im Reitverein und im Tennisverein, der Sohn im Tisch-
5 tennisverein und bei der Feuerwehr. Der Vater war auch bei der Feuerwehr und dann noch im Radsportclub. Die Mutter war beim Roten
Kreuz, im Turnverein und im Chor. Sie haben mehr Zeit mit den
Leuten im Verein verbracht als mit der Familie. Oft war abends niemand zu Hause. Und am Wochenende musste ich mich entscheiden:
10 Gehe ich mit zum Reitturnier, zum Chorsingen oder zum Radrennen? Bei uns haben alle
weniger Freizeit und nicht so viele Hobbys. Viele kümmern sich nach der Arbeit mehr um die
Familie. Ich glaube, die Deutschen sind „vereinsverrückt"! Aber als ich in Deutschland war,
habe ich auch Billard im Sportverein gespielt …

	Vater	Mutter	Tochter	Sohn
Vereine	....	....	....	....

3 **Indefinita**

Ü8

a) Markieren Sie *alle, viele, niemand* im Text von Aufgabe 2.

b) Machen Sie Aussagen über den Kurs wie im Beispiel.

Bei uns im Kurs schlafen alle.

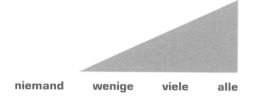

Sport/Musik machen
essen
schlafen
Tiere haben
malen

niemand   wenige   viele   alle

4 **Freizeit interkulturell.** Vergleichen Sie im Kurs. Gibt es Vereine auch in anderen
Ü9   Ländern? Womit beschäftigen sich die Leute in der Freizeit?

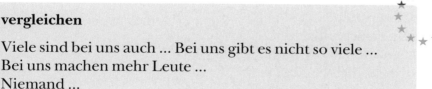

vergleichen

Viele sind bei uns auch … Bei uns gibt es nicht so viele …
Bei uns machen mehr Leute …
Niemand …

Redemittel

5 Schreiben Sie einen kurzen Text zum Thema *Hobbys und Freizeit*.

Ich-Texte schreiben

In meiner Freizeit …
Mein Hobby ist …
Abends / am Wochenende gehe ich am liebsten …
Als Kind habe ich …, jetzt …
Ich habe mich schon immer für … interessiert.

4 Das (fast) perfekte Wochenende

1 Montagmorgen in der Firma

22

a) Hören Sie die Dialoge. Welche Texte passen?

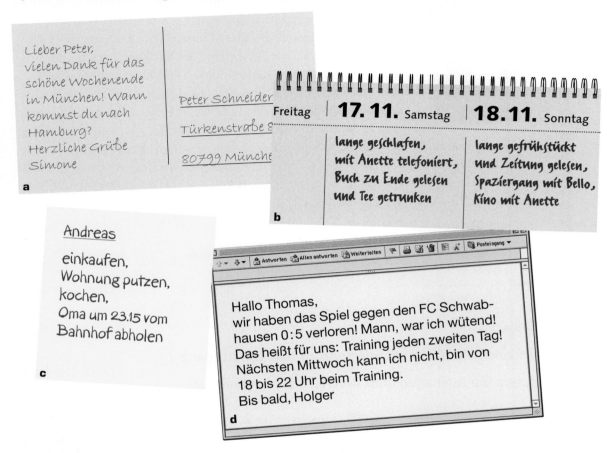

Lieber Peter,
vielen Dank für das
schöne Wochenende
in München! Wann
kommst du nach
Hamburg?
Herzliche Grüße
Simone

a

Peter Schneider
Türkenstraße 8
80799 München

Freitag	**17. 11.** Samstag	**18. 11.** Sonntag
	lange geschlafen, mit Anette telefoniert, Buch zu Ende gelesen und Tee getrunken	lange gefrühstückt und Zeitung gelesen, Spaziergang mit Bello, Kino mit Anette

b

Andreas

einkaufen,
Wohnung putzen,
kochen,
Oma um 23.15 vom
Bahnhof abholen

c

Hallo Thomas,
wir haben das Spiel gegen den FC Schwabhausen 0:5 verloren! Mann, war ich wütend!
Das heißt für uns: Training jeden zweiten Tag!
Nächsten Mittwoch kann ich nicht, bin von
18 bis 22 Uhr beim Training.
Bis bald, Holger

d

b) Hören Sie noch einmal und markieren Sie die Reaktionen mit ☺ ☺ ☹.

- ■ Hallo Holger! Wie war dein Wochenende?
- ◆ Geht so. Ich hatte ein Spiel.
- ■ Und, wie war's?
- ◆ Furchtbar! Eine Katastrophe!
- ■ Wieso das denn? Erzähl mal!
- ◆ Wir haben 0:5 verloren!
- ■ Echt? 0:5! Ach, du Schande.
- ◆ Ja, und das gegen den FC Schwabhausen!
- ■ Das gibt's doch gar nicht! So ein Pech!

- ● Morgen, Frau Bauer. Na, Sie sehen aber erholt aus!
- ▲ Ja, ich war am Wochenende in München.
- ● In München? Nicht schlecht.
- ▲ Ja, wir waren auf dem Viktualienmarkt, in der Frauenkirche und natürlich im Biergarten.
- ● Oh ja – das hört sich gut an.
- ▲ Mmh, am besten hat mir der Englische Garten gefallen.
- ● Das glaube ich. Und bei dem Wetter – wie schön!
- ▲ Ja, aber zwei Tage sind für die Stadt viel zu wenig.
- ● Das stimmt.

2 Ein Sprachspiel: Emotionen markieren. Sprechen Sie den Text laut und markieren Sie dabei ein Gefühl. Die anderen im Kurs raten. Dann hören Sie die CD.

Was ist das? Ich rede. Du redest. Er redet ständig. Sie redet. Sie redet laut. Sie redet sehr laut. Wir reden. Ihr redet auch. Sie reden. Alle reden. Wovon? Von nichts.

3 Ausrufe

a) Was meinen Sie? Welche Sätze passen zu welchen Bildern? Ordnen Sie zu.

▨ Mist, ich habe mich geschnitten!
▨ In meinem Bett ist eine Spinne!
▨ Ich habe ein „Sehr gut" im Test!
▨ Was ist denn das?
▨ Wir haben im Lotto gewonnen!

b) Hören Sie und kontrollieren Sie Ihre Lösung. Sprechen Sie die Sätze mit Gefühl nach.

c) Notieren Sie weitere Sätze und lesen Sie sie vor. Der Kurs antwortet mit einem Laut aus Aufgabe a).

4 Ausrufe international. Ergänzen Sie die Tabelle mit Beispielen aus anderen Sprachen.

	Deutsch	Englisch	Tschechisch	Spanisch	Japanisch	Ihre Sprachen
🕷	iih	yuk	pfui	qué asco	gee/uah	
🔪	aua	ouch	aua	ay	itai	
🍰	hmm	yum-yum	hmm	qué rico	oishi	

5 Was ärgert Sie? Was freut Sie? Schreiben Sie einen Text. Vergleichen Sie im Kurs.

im Beruf – beim Einkaufen – auf Partys

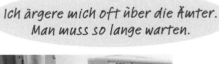

Ich ärgere mich oft über die Ämter. Man muss so lange warten.

Ich-Texte schreiben

In Deutschland / ... Österreich / ... der Schweiz ärgere ich mich manchmal über ...
Ich ärgere mich oft über ...
Ich freue mich immer über/auf ...
Ich rege mich manchmal auf über ...

Übungen 4

1 **Ein Hobby für den Winter**

a) Lesen Sie den Text und ordnen Sie die Sätze den Textabschnitten zu.

1. Sonja und Gerald sind Eisschwimmer, weil es gesund ist.
2. Herr und Frau Kolb schwimmen im Winter in der Elbe.
3. Man muss sich auf das Eisschwimmen gut vorbereiten.
4. Jeder schwimmt so lange im kalten Wasser, wie er möchte.

■ Das Ehepaar Sonja und Gerald Kolb hat ein interessantes Hobby. Im Winter gehen die meisten Leute mit einem warmen Mantel und warmen Schuhen an der Elbe spazieren, aber Sonja und Gerald schwimmen in der Elbe. Sie sind Eis- oder Winterschwimmer. Eisschwimmer baden auch bei einer Wassertemperatur von 0° C. Dann macht das Baden erst richtig Spaß!

■ Die Zeit für das Eisschwimmen beginnt im Herbst, das Ende ist im Frühling. Vor dem Schwimmen laufen sich Gerald, Sonja und die anderen Eisschwimmer ca. 15 Minuten warm. Danach gehen sie mit oder ohne Badekleidung ins Wasser. Sie schwimmen dann so lange und so weit, wie sie möchten. Manche bleiben nur eine Minute, manche aber auch fünf Minuten im kalten Wasser. Danach ziehen sie sich warm an.

■ Warum schwimmen Gerald und Sonja im kalten Wasser? Sonja Kolb gibt die Antwort: „Es ist gesund. Das kalte Wasser und die Bewegung stärken unser Immunsystem."

■ Interessieren Sie sich auch für Winterschwimmen? Hier sind einige Tipps für Sie: Gehen Sie schon im Sommer regelmäßig schwimmen. Duschen Sie täglich kalt. Fangen Sie dann mit dem Training für das Eisschwimmen im Herbst bei einer Wassertemperatur von 14° C an. Gehen Sie vorher zum Arzt. Und – das ist sehr wichtig – baden Sie niemals allein!

b) Was ist richtig? Kreuzen Sie an.

1. ■ Sonja und Gerald schwimmen nicht bei 0° C Wassertemperatur.
2. ■ Eisschwimmen hängt von der Jahreszeit ab.
3. ■ Man soll mit dem Eisschwimmen bei einer Wassertemperatur von 14° C beginnen.
4. ■ Eisschwimmer schwimmen 15 Minuten im kalten Wasser.
5. ■ Eisschwimmen stärkt das Immunsystem.

2 **Freizeit.** Ordnen Sie die Wörter den Bildern zu.

Handball spielen – im Chor singen – zusammen kochen – Violine spielen –
Radio hören – Fahrrad fahren – Tai Chi machen – am Computer sitzen –
Zeitung lesen – spazieren gehen

1. .... 2. .... 3. ....

4. .... 5. .... 6. .... 7. ....

8. .... 9. .... 10. ....

3 **Wörter in Paaren lernen.** Was passt zusammen?

Yoga	**1**	**a**	sammeln
Gitarre	**2**	**b**	gehen
Auto/Motorrad	**3**	**c**	spielen
schwimmen	**4**	**d**	machen
Briefmarken	**5**	**e**	fahren

4 **Wochenende!** Welches Hobby ist das?
Schreiben Sie Sätze wie im Beispiel.

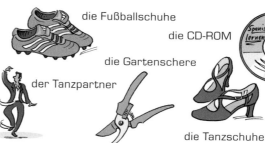

das Wörterbuch

die Fußballschuhe

die CD-ROM

die Gartenschere

der Tanzpartner

der Ball

die Garten-
handschuhe

die Tanzschuhe

Hobby	Was man dazu braucht
1. Fußball spielen	Man braucht Fußballschuhe und einen Ball.
2.	
3.	
4.	

5 **Arbeitszeit und Freizeit.** Hören Sie die Interviews zweimal. Welche Grafik passt?
Kreuzen Sie an.

11

Interview 1

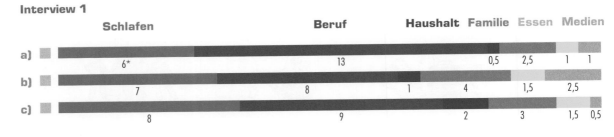

	Schlafen	Beruf	Haushalt	Familie	Essen	Medien
a)	6*	13	0,5	2,5	1	1
b)	7	8	1	4	1,5	2,5
c)	8	9	2	3	1,5	0,5

Interview 2

	Schlafen	Beruf	Freund	Essen	Medien	Nichtstun
a)	2	19		1,5	0,5	1
b)	2	17	1	1,5	1,5	1
c)	2	18,5		0,5	1,5	0,5	1

*in Stunden

6 **Vor dem Ausgehen**

a) Ergänzen Sie die Reflexivpronomen.

Sabrina und Markus haben .... mit Freunden
von Sabrina zum Essen verabredet. Sabrina will

pünktlich sein. Sie freut .... auf den Abend,

aber Markus hat keine Lust. Er fühlt .... heute
nicht gut und möchte am liebsten zu Hause bleiben.

- Sabrina, bist du schon fertig?

◆ Ich muss .... noch schminken. Hast du

   .... schon rasiert?

- Äh, nein, muss ich .... auch noch umziehen?
◆ Natürlich, und mach bitte schnell, ich möchte nicht schon wieder zu spät kommen.

   Du weißt doch, Anne ärgert .... immer über Unpünktlichkeit.

- Jaaa. Warum treffen wir .... eigentlich so oft mit Anne und Jörg?
   Willst du nicht lieber mal wieder ein Buch lesen?

◆ Du interessierst .... wohl nicht für meine Freunde! Du willst ....

   lieber mit deinen Freunden treffen, stimmt's? Dabei beschäftigt ihr ....
   die ganze Zeit doch nur mit Fußball, das ist langweilig! Jetzt komm endlich!
- Ja, ja – hoffentlich gibt's was Leckeres zu essen ...

b) Hören Sie und kontrollieren Sie Ihre Lösung.

12

7 **Wiederholung Perfekt: Verben mit Präpositionen**

sich freuen über – ~~sich treffen mit~~ – achten auf – sich verabreden mit –
sich ärgern über – sich entspannen mit

1. Heute ist mein Geburtstag, und es ist schon

   viel passiert! Ich habe mich ......*mit*......

   Stefan zum Frühstück ....*getroffen*..... . Ich bin
   danach sehr schnell mit dem Fahrrad ins Büro
   gefahren. An einer großen Kreuzung habe ich

   nicht .... die Ampel ....
   und hatte fast einen Unfall.

2. Meine Kollegin hat mir einen Blumenstrauß

   geschenkt. Ich habe mich sehr ....

   die Blumen .... Aber Herr
   Wagner, mein Chef, hat schon wieder meinen
   Geburtstag vergessen und war nicht sehr

   freundlich. Ich habe mich ....

   ihn ....!

3. In der Mittagspause habe ich mich im Park

   .... einem Buch ....
   Plötzlich hat ein Hund meine Tasche mitge-
   nommen! Am Nachmittag war es zum Glück
   sehr ruhig im Büro und heute Abend habe ich

   mich .... Freunden im Restaurant

   ....

8 **Indefinita. Was mag meine Familie (nicht)? Schreiben Sie Sätze.**

Niemand Wenige Viele Alle	mögen/mag machen/macht	gern	klassische Musik. Bilder von Picasso. Spaghetti. Sport. Hunde. Gedichte. Urlaub am Meer. Familienfeiern. lange Spaziergänge.

1. Alle mögen Spaghetti.
2. ...

9 **Sprachen lernen – ein Hobby**

a) Sie leben im Ausland und lernen Deutsch. Sie möchten nicht nur im Kurs üben. Welche Möglichkeiten gibt es? Ergänzen Sie.

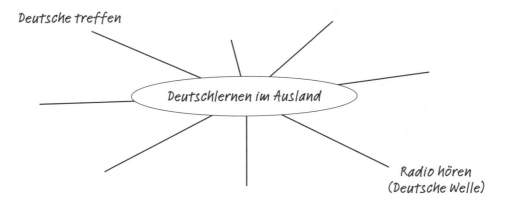

Deutsche treffen

Deutschlernen im Ausland

Radio hören
(Deutsche Welle)

b) Lesen Sie den Text. Verbinden Sie die Sätze.

Die JDG Kobe und die DJG Berlin bei einem Treffen in Berlin

Deutsche Kultur in Japan

Deutschlernen im Ausland ist nicht immer leicht. Manche Länder sind sehr weit weg, eine Reise nach Deutschland ist sehr teuer und kostet auch viel Zeit. Für japanische Deutschlerner ist es wichtig, dass sie in
5 Japan mit Deutschen sprechen können und die deutsche Kultur kennen lernen. Viele Japaner werden aus diesem Grund Mitglied in Japanisch-Deutschen Gesellschaften (JDG). Eine große JDG gibt es in Kobe. Herr Ishiguro arbeitet dort im Büro: „Wir haben über 400 Mitglieder.
10 Es sind auch viele Firmen bei uns. Wir treffen uns einmal im Monat. Da kommen auch Deutsche. Wir essen, trinken und sprechen zusammen. Es gibt auch regelmäßige Sprachkurse. Und jedes Jahr machen wir eine Weihnachtsfeier. Die ist immer sehr schön.“
Frau Taguchi ist schon seit fünf Jahren Mitglied in der JDG. Sie hat einmal Deutsch studiert. „Ich bin Mitglied, weil ich weiter Deutsch lernen möchte. Im Deutschkurs sind
15 manche Lehrer Deutsche. Ich kann also von Deutschen Alltagsdeutsch lernen und ich habe bei unseren Treffen immer viel Spaß.“
Es gibt viele Japanisch-Deutsche Gesellschaften in Japan. Einige haben gute Beziehungen zu den Deutsch-Japanischen Gesellschaften in Deutschland. Gibt es in Ihrem Land auch deutsche Sprach- und Kulturvereine?

Viele Japaner **1**	**a** macht die JDG Kobe eine Weihnachtsfeier.
Eine große JDG **2**	**b** ist Mitglied in der JDG, weil sie von Deutschen Deutsch lernen will.
Die JDG Kobe **3**	**c** gibt es in Kobe.
Jedes Jahr **4**	**d** ist auch offen für Firmen.
Frau Taguchi **5**	**e** gehen in eine japanisch-deutsche Gesellschaft, weil sie Deutsche und ihre Kultur kennen lernen wollen.

Das kann ich auf Deutsch

über Hobbys und Interessen sprechen

Ich spiele Klavier. Mein Vater sammelt Briefmarken. Sandra geht reiten.
Ich interessiere mich für Fußball.
Am liebsten treffe ich mich mit Freunden.

Wortfelder

Hobbys und Sport

Musik hören, Sport machen, Marathon laufen

Grammatik

Reflexivpronomen

Ich muss **mich** noch umziehen.
Hat du **dich** schon geschminkt?
Stefan duscht **sich** jeden Morgen.

Am Wochenende erholen wir **uns**.
Wo trefft ihr **euch**?
Sie haben **sich** im Restaurant verabredet.

reflexive Verben mit Präpositionen

Ich **ärgere mich über** die vielen Autos in der Stadt.
Anna **freut sich über** den Besuch.
Max **interessiert sich** nicht **für** Fußball.

Zeitadverbien

Zuerst ruhe ich mich aus.
Dann trinke ich etwas.
Danach dusche ich mich.

Indefinita

Niemand steht am Montag gern auf.
Wenige Menschen freuen sich auf den Montagmorgen.
Viele Menschen schlafen am Sonntag lange.
Alle Menschen mögen das Wochenende.

Aussprache

Emotionen und Ausrufe

☺   ☺   ☹

Wie schön!   Geht so.   So ein Pech!   Oh!
Das hört sich gut an!   Ach du Schande!   Aua!
Toll! Nicht schlecht!   Iiih!

Laut lesen und lernen

Machst du gern Sport?
Bist du in einem Sportverein?
Was machen Sie in Ihrer Freizeit?
Ich spiele Gitarre in einer Hard-Rock-Band.
Und wofür interessierst *du* dich?

1 Medien gestern und heute

ägyptische Schriftzeichen

die Digitalkamera

das Notebook

der PDA
(Persönlicher
Digitaler
Assistent)

das Telefon

das Grammophon

das Radio

die Schallplatte(n)

1 **Medien nutzen.** Arbeiten Sie mit der Collage. Welche Medien kennen Sie?
Welche nutzen Sie? Kennen Sie noch andere?

Ich kenne/habe ...

Ich benutze oft /
jeden Tag / gern ...

... brauche ich nicht/
selten/nie.

Hier lernen Sie

▶ über Medien sprechen
▶ kurze persönliche Mitteilungen schreiben
▶ etwas reklamieren
▶ indirekte Fragen im Nebensatz: *ob*-Sätze /
  indirekte W-Fragen
▶ Adjektive ohne Artikel: Nominativ und Akkusativ
▶ Vokal und *h* am Silbenanfang

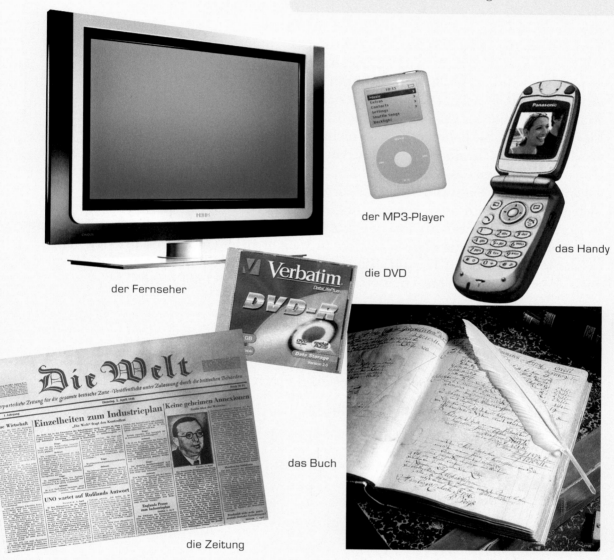

der MP3-Player

das Handy

die DVD

der Fernseher

das Buch

die Zeitung

2 Ordnen Sie die Medien aus der Collage in das Schema ein.

Ü1

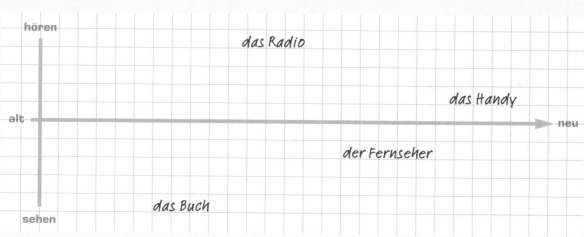

hören

das Radio

das Handy

alt ──────────────────────────► neu

der Fernseher

das Buch

sehen

2 Medien im Alltag

1 **Vergessen?!** Im Text finden Sie eine zentrale Frage und die Antwort. Markieren Sie.

Kennen Sie das? Sie schreiben am Abend einen
Brief, stecken ihn in einen Umschlag und kleben
die Briefmarke auf. Dann schreiben Sie die Adresse
und den Absender auf den Umschlag und stecken
den Brief in die Manteltasche. Am nächsten
Morgen fahren Sie zur Arbeit. Sie laufen an zwei
Briefkästen und an der Post am Bahnhof vorbei.
Abends kommen Sie nach Hause und ziehen den
Mantel aus. Und was ist in der Tasche? Richtig.
Der Brief! Mist! Sie haben den Brief nicht einge-
worfen! Aber das ist noch nicht alles: Am nächsten
Tag passiert Ihnen das Gleiche.

Der Wiener Arzt Sigmund Freud (1856–1939) hat
sich gefragt: Warum vergessen wir Dinge im Alltag? Seine Antwort: Weil wir sie vergessen wollen. Wie war das also mit dem Brief? Der Brief war unangenehm. Vielleicht
war es eine Entschuldigung, weil Sie so lange nicht an jemanden geschrieben haben.
Oder Sie müssen einen Termin absagen. Sie kennen den Grund für das Vergessen
nicht. Aber Ihr Gehirn entscheidet: Dieser Brief bleibt in der Tasche!

2 **Wortfeld Brief**

Ü2

a) Nomen und Verben – was passt zusammen? Suchen Sie im Text aus Aufgabe 1.

1. _einen_ .... schreiben, lesen, einwerfen

2. .... kaufen, aufkleben

3. .... auf eine Karte oder einen Umschlag schreiben

4. an einem .... vorbeigehen

b) Ordnen und schreiben Sie.

den Brief in den Briefkasten werfen – die Adresse auf
den Umschlag schreiben – einen Brief bekommen –
eine Antwort schreiben – den Brief in die Tasche stecken

> Zuerst habe ich ... Dann ...
> Danach ...

3 Was haben Sie schon oft vergessen? Nennen Sie Beispiele
und Gründe.

> Ich habe schon oft
> einen Namen vergessen,
> weil ...

Was	Grund
einen Namen	zu lang,
eine Verabredung	Termin nicht notiert
eine Rechnung	
eine Telefonnummer	
ein Passwort	

4 Handy-Nachrichten. **Schreiben Sie eine SMS. Lesen Sie vor.**

Ü3–4

1. Sie wollen sich mit Ihrer Freundin / Ihrem Freund um 20 Uhr am Kino verabreden.
2. Ihr Chef hat morgen um 8.42 Uhr einen Flug nach Frankfurt. Erinnern Sie ihn.
3. Sie sind in der U-Bahn. Sie wollen um 9.30 Uhr etwas mit einem Arbeitskollegen besprechen.
4. Sie haben eine Verabredung um 14 Uhr. Sie können aber erst um 14.45 Uhr kommen.
5. Sie fragen, ob Ihre Freunde morgen Lust auf eine Radtour haben.

Redemittel

kurze Mitteilungen

Entschuldigungen
Entschuldige: Kann morgen nicht. / Komme später. / Bin zu spät. / Bin gerade in einer Besprechung. / Bitte warte auf mich! / Bin gleich da! / Tut mir leid!

Vorschläge/Erinnerungen
Wollen wir ins Kino gehen? / Lust auf ...? / Morgen um drei am ...? / Hast du ... Zeit? / Nicht vergessen: morgen um ... / Treffen uns um ... am ...

Abschied
Bis gleich / ... dann / ... nachher! / Wir sehen uns später! / Freu mich auf dich!

---

5 Aussprache *h*

a) Hören Sie die Wörter: In welchen Wörtern hören Sie das *h*? Markieren Sie.

das Haus, gehen, hören, das Handy, die Ruhe, ohne, der Hund, abholen

b) Üben Sie das *h*. Lesen Sie die Wörter laut vor.

das Hotel – wohnen – bezahlen – die Hand – halten – der Husten – die Apotheke – erholen – fahren – der Hauptbahnhof – ausgehen – das Hemd anziehen – anhören

Regel Das *h* nach einem langen Vokal spricht man nicht:
ge(h)en, der Fernse(h)er, o(h)ne, die Ru(h)e

c) Sortieren Sie die Wörter aus b). Kontrollieren Sie mit der CD.

ich höre das *h*	ich höre das *h* nicht

6 „Knacklaut" am Wortanfang. **Lesen Sie ganz laut. Übertreiben Sie.**

der **U**mschlag – der Brief**u**mschlag,
die **A**dresse – die **E**-Mail-**A**dresse,
die **A**ntwort – die Rück**a**ntwort

7 „Knacklaut" und *h* im Vergleich. **Sprechen Sie die Wortpaare.**

haben – der Abend, halten – die Alten, das Haus – das Ausland, heben – eben, hier – ihr, hinter – das Internet, hoffen – offen, der Hund – und

3 Einkaufen im Internet

1 **Marktplatz Internet.** Vergleichen Sie den Text und die Grafik.
Ü5 Ordnen Sie die passenden Wörter zu.

Shoppingmeile Internet

Von je 100 Internetnutzern in Deutschland, die in den letzten zwölf Monaten online bestellten, kauften:

Bücher, Zeitschriften	42
Kleidung, Sportartikel	36
Filme, Musik u.a.	23
Elektronikartikel, Kameras	18
Reisen, Unterkünfte, Bahn-, Flugtickets	17
Software (einschl. Videospiele)	16

Mehrfachnennungen
Stand 2004

9959 © Globus   Quelle: Stat. Bundesamt

1. Reisen – 2. 36 Prozent – 3. Bücher –
4. im Internet – 5. 17 Prozent –
6. Zeitschriften – 7. Musik-CDs

In Deutschland kaufen immer mehr Leute online ein. Am beliebtesten sind **3** und ■ (42 Prozent). An zweiter Stelle stehen mit ■ Kleidung und Sportartikel. Auch die Bestellung von Videofilmen und ■ ist bei den Internetkäufern beliebt. Fast die Hälfte der Computernutzer informiert sich ■, ob es passende Reiseangebote gibt. Aber nur ■ buchen ■ und kaufen Tickets wirklich im Internet und drucken sie zu Hause aus. Warum? Sie fragen sich, ob ihre Kreditkartennummer im Netz wirklich sicher ist.

2 **Computersymbole verstehen.** Wie heißen die Befehle in Ihrer Sprache?
Ü6

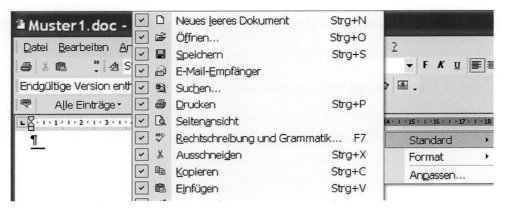

3 **Interviews.** Lesen Sie die Sätze. Hören Sie die drei Interviews und ordnen Sie zu.

29

Interviewpartner **1**
Interviewpartner **2**
Interviewpartner **3**

a hat Bücher und Filme im Netz bestellt.
b möchte nicht mehr online einkaufen.
c ist Informatiker.
d hat einen Flug gebucht.
e kauft Lebensmittel online ein.
f bestellt oft Software im Internet.
g findet Online-Einkaufen praktisch.
h bestellt häufig Fahrkarten und Tickets online.
i hat Probleme mit einer Buchung im Internet gehabt.

4 Fragen und Nachfragen

1 Indirekte Fragen mit *ob.* Üben Sie im Kurs.

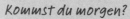

Kommst du morgen?

Was hast du gesagt?

Ich habe gefragt, ob du morgen kommst.

1. Hast du ein Notebook?
2. Bringst du die neuen CDs mit?
3. Hast du die Software gekauft?
4. Kommst du um drei ins Internet-Café?
5. Hast du schon mal Bücher im Internet gekauft?
6. Hast du eine E-Mail-Adresse?

2 Sätze mit *ob*

a) Notieren Sie die Sätze mit *ob* aus Aufgabe 1 und markieren Sie das Verb.

b) Ergänzen Sie die Regel.

Regel Der Nebensatz beginnt mit .... und das Verb steht ....

3 Indirekte W-Fragen

Ü 7–8

a) Vergleichen Sie die Dialoge. Was ist gleich, was ist anders?

1.
- Kommst du morgen?
- Was hast du gesagt?
- Ich möchte wissen, ob du morgen kommst.

2.
- Wann kommst du morgen?
- Was hast du gesagt?
- Ich möchte wissen, wann du morgen kommst.

b) Fragen Sie nach.

Ich möchte wissen,
Ich habe gefragt, ⋮ wann, wo, ... / ob ...

1. Wann hast du die Mailbox abgefragt?
2. Hast du die Datei gelöscht?
3. Wo hast du den Text gespeichert?
4. An wen hast du die Mail weitergeleitet?
5. Kannst du den Text drucken?
6. Wer hat eben angerufen?
7. Kannst du bitte die Kopfhörer abnehmen?

5 Schnäppchenjagd

1 **Alles für alle.** Was heißt das? Worum geht es?

Foto aus einer Werbekampagne 2005

eBay ist weltweit der größte Online-Marktplatz. Dort kann man neue oder gebrauchte Sachen kaufen und verkaufen und nach Schnäppchen suchen. Seit 1999 gibt es auch deutschsprachige eBay-Seiten. Man findet alles: alte Uhren, moderne Kunst, modische Kleidung und teuren Schmuck.

2 **Was suchen und kaufen die Leute?** Üben und variieren Sie.

Meine Mutter		alte Uhren.
Mein Bruder	sucht meistens	gebrauchte Bücher.
Mein Kollege	kauft oft	interessante Kochbücher.
Meine Chefin	bestellt manchmal	billige Reisen.
Meine Freundin		altes Spielzeug.
		neue CDs.
		...

Ich ...

3 **Online einkaufen.** Wo kann man Kuckucksuhren kaufen? Was kosten sie? Suchen Sie im Internet.

4 **Eine Reklamation.** Lesen und hören Sie den Dialog – Was ist das Problem?

30   Ü9

■ Guten Morgen. Mein Name ist Albers. Ich habe vor zwei Tagen eine neue Kuckucksuhr bei Ihnen gekauft. Die möchte ich reklamieren. Hier ist der Kassenzettel.

◆ So – warum? Ist die Uhr kaputt?

■ Nein, die Uhr geht genau. Aber der Kuckuck ...

◆ Was ist mit dem Kuckuck?

■ Der Kuckuck sagt nichts.

◆ Das ist ganz normal, ein Kuckuck sagt nichts.

■ Ja, aber das ist doch eine Kuckucksuhr.

◆ Natürlich, was haben Sie denn gedacht?

■ Der Kuckuck singt auch nicht. Der ist kaputt. Hier steht, dass ich zwei Jahre Garantie habe.

◆ Ein Kuckuck singt nicht. Die Garantie ist für die Uhr, aber nicht für den Kuckuck.

■ Das ist ja unglaublich. Der Kuckuck funktioniert nicht, und ich möchte mein Geld zurück oder die Uhr umtauschen.

◆ Hören Sie, das geht leider nicht. Geben Sie uns die Uhr mit dem Kuckuck und wir reparieren beide.

■ Aber die Uhr ist gar nicht kaputt, nur der Kuckuck.

◆ Dann gehen Sie doch zum Tierarzt.

5 Einen Pullover / ein Handy / ein Radio reklamieren. Spielen Sie im Kurs.

6 Adjektive ohne Artikel im Nominativ und Akkusativ. Lesen Sie die Anzeigen.
Markieren Sie die Adjektive und ergänzen Sie die Tabelle.

14

> Alter Fernseher gesucht!
> ☎ 030 / 29 77 30 34

> Teurer Goldring (18 Karat)
> nur 120,– €! Angebote unter
> Chiffre AG/4566

> Wertvolle Briefmarkensammlung,
> BRD ab 1949.
> Angebote unter Chiffre LG/073.

> Altes Auto, 1972, VW-Käfer,
> fährt noch! Nur 100,– €,
> ☎ 089-34 26 77

> Verkaufe alten Fernseher,
> suche neuen Heimtrainer.
> Tel.: 0171 / 33 67 87 99

> Verkaufe gut erhaltene Schall-
> platten aus den 70er Jahren.
> Frank Zappa, Janis Joplin,
> Bob Dylan und mehr.
> Telefon: 0172 / 34 67 79 95

Grammatik

Singular	(der)	(das)	(die)
Nominativ	alt........ Fernseher	alt........ Radio	alt........ Uhr
Akkusativ	alt........ Fernseher	alt........ Radio	alt........ Uhr

Plural	(die)
Nominativ/Akkusativ	alt........ Uhren/Radios/Fernseher

7 Angebote und Anfragen

Ü 10–11

a) Ergänzen Sie die Adjektivendungen. Kontrollieren Sie die Artikel im
Wörterverzeichnis.

1. Verkaufe billig........ PC und groß........ Monitor!

2. Suche neu........ Auto, VW oder Opel.

3. Verkaufe antik........ schwarz........ Stühle.

4. Suche wertvoll........ Schmuck, 30er und 40er Jahre.

5. Verkaufe 50 gelb........ Tennisbälle.

6. Suche superleicht........ groß........ Reisekoffer.

KLASSE SERVICE

ICH SUCHE: ☐   ICH BIETE: ☒

runden Küchentisch
und 4 Stühle
                    zusammen 50 Euro

Name, Vorname: *Fiedler*   Telefon: *0172-6332548*
Straße, Ort: *Köln-Ehrenfeld*   Datum: *13.12.05*

Diese Karte hat eine Gültigkeit von 4 Wochen laut Ausstellungsdatum. Danach wird die Karte von unserem Personal aussortiert.

b) Formulieren Sie vier Angebote und Anfragen wie
im Beispiel.

8 Projekt. Machen Sie einen Flohmarkt im Kurs. Was brauchen Sie –
was wollen Sie verkaufen?

1 **Das Radio und seine Geschichte in Deutschland.** Ordnen Sie die Fotos den Texten zu.

1. ☐ In Deutschland gibt es 1923 das erste Radioprogramm. Das Programm hören aber nur etwa 500 Personen.
2. ☐ Ab 1933 kann jeder Deutsche ein Radio kaufen. Der „Volksempfänger" ist billig.
3. ☐ Seit den 50er Jahren gibt es viele regionale Radiosender, z.B. den HR (Hessischer Rundfunk) und den WDR (Westdeutscher Rundfunk). 1952 sendet man in Deutschland aber auch schon das erste Fernsehprogramm.
4. ☐ Seit 1953 gibt es die Deutsche Welle (DW). Die Deutsche Welle kann man in der ganzen Welt hören. Sie sendet in 30 Sprachen.
5. ☐ Anfang 1960 gibt es auch schon Radios kombiniert mit Schallplattenspielern.
6. ☐ Heute kann jeder selbst Radio machen, z.B. eine Webradiosendung mit einem MP3-Player und einem Computer.

> **Internettipp**
>
> Radio hören im Internet
>
> Deutsche Welle: www.dw-world.de
> ARD-Radio: www.ard.de/radio

2 *Zuerst – dann – danach.* Schreiben Sie Sätze.

a) Wie sende ich ein Fax?

die Nummer wählen –
den Namen notieren –
auf Start drücken –
das Papier einlegen –
die Seiten nummerieren

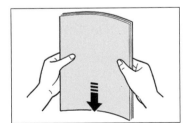
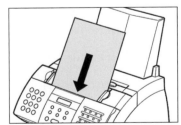

1. Zuerst nummeriere ich
2. Dann
3.

DAS ERSTE ①

17.00	**Tagesschau**	82-701
17.15	**Brisant** Magazin	662-053
17.47	**Tagesschau**	206-139-966
17.50	**Verbotene Liebe** Serie	90-701
18.20	**Marienhof** Serie	42-140
18.50	**Abenteuer 1927 –**	63-633
neu	**Sommerfrische (1)** 16-tlg. → S. 126 Doku-Serie, D 2005. Die Reise beginnt. Mit Susanne Vogel → S. 126	
19.20	**Das Quiz mit Jörg Pilawa**	161-695
20.00	**Tagesschau**	97-459

KRIMISERIE

20.15 Adelheid und ihre Mörder Haie und kleine 1-240-492 Mieter. Mit Heinz Baumann Strobel, Schilling und Pohl vergnügen sich beim Bowling. Bei einem Gang auf die Toilette findet Strobel die Leiche eines Immobilienhais. Verdächtig ist der Pächter der Bowlingbahn.

21.05 In aller Freundschaft 7-524-362 Arztserie. Alte Liebe, neues Glück

21.55 Plusminus 5-626-782 Wirtschaftsmagazin Das Spektrum von „Plusminus" umfasst wirtschafts-, sozial- und verbraucherpolitische Themen.

22.30 Tagesthemen 879 Moderation: Ulrich Wickert

22.58 Das Wetter 303-043-817

23.00 Menschen bei Maischberger Talkshow 572-017

0.15 Nachtmagazin 925-473

0.35 Vom Retter missbraucht FILM Psychothriller, USA 1996 8-387-183 Mit Caroline Goodall → S. 125

ZDF

17.00	**heute/Wetter**	80-343
17.15	**hallo deutschland**	31-633
17.45	**Leute heute** Journal	978-017
18.00	**SOKO Wien (1)**	74-140
neu	10-teilige Krimiserie, D/Ö 2005	
TIPP	Racheengel. Mit Bruno Eyron, Pia Baresch → S. 126	
19.00	**heute/Wetter**	21-492
19.25	**Die Rosenheim-Cops**	9-241-904
	Krimiserie. Bettgeflüster Mit Markus Böker, Marisa Burger	

DOKUMENTATION

20.15 Im Auge des Sturms (1) 398-121 2-teilig, D 2005 Der erste Teil begleitet Hurrikane von ihrer Entstehung über Westafrika bis zu ihrer Umwandlung in Tiefdruckgebiete im Norden Kanadas. Mit dem Sturmjäger Jim Edds (Foto) geht es mitten hinein in das „Auge" des Sturms.

21.00 Frontal 21 Magazin 78-121

21.45 heute-journal 871-695

22.13 Wetter 304-616-614

22.15 37°: Endstation Beirut 434-188 Tiertransporte – eine Bilanz 37°-Autor Manfred Karremann begleitet einen Rindertransport nach Sète in Südfrankreich.

22.45 Johannes B. Kerner 700-782 Talkshow. Eingeladen: Ursula Monn, Heide Simonis, Petra Roth

0.00 heute nacht 19-164

0.20 Best Laid Plans – 307-692-980 FILM **Eiskalt reingelegt** Thriller, USA '98. Mit Alessandro Nivola. R.: Mike Barker → S. 125

RTL

17.00	**Einsatz in 4 Wänden**	8-275
17.30	**Unter uns** Familienserie	1-362
	Als Lili registriert, dass Malte seinen Ehering nicht mehr trägt, gerät dieser in Erklärungsnot.	
18.00	**Regionalprogramme**	2-091
18.30	**Exclusiv – Star-Magazin**	90-053
18.45	**RTL aktuell/Das Wetter**	644-527
19.05	**Explosiv – Das Magazin**	512-459
19.40	**Gute Zeiten, schlechte Zeiten** Familienserie	3-487-053

KRIMISERIE

20.15 CSI: Miami 827-614 Ein glasklarer Fall Mit Rex Linn, I., David Caruso Detective Frank Tripp und Lt. Horatio Caine suchen den Mörder des Baseball-Stars Donny Lopez. Lopez stand zuvor unter Mordverdacht an seiner Frau.

21.15 Die Gerichtsmedizinerin 7-724-985 Krimiserie. Die letzte Reise. Mit Lisa Fitz, P. Ketnath

22.15 Monk 7-602-968 Krimiserie. Mr. Monk muss in den Wald. Mit Tony Shalhoub Monk wird zufällig Augenzeuge eines Mordes. Da der Mörder Tommy Win eine mafiaähnliche Organisation hinter sich hat, schwebt Monk bis zum Tag der Verhandlung in Lebensgefahr.

23.10 Law & Order Krimiserie 538-527 Auf dünnem Eis. Mit J. Orbach

0.00 Nachtjournal 3-367

0.30 Yes, Dear 5-528-657 Comedy. Auf den Topf gesetzt

SAT.1

17.00	**Niedrig und Kuhnt** Reihe	3-850
17.30	**17:30 – Live aus Berlin**	3-237
18.00	**Lenßen & Partner**	4-966
18.30	**Sat.1 News/Wetter**	56-121
18.50	**Blitz** Boulevardmagazin	9-905-091
19.15	**Verliebt in Berlin**	430-237
	Kim kann nicht mit Timo über ihre Probleme reden, da sie wegen Alex immer noch zerstritten sind.	
19.45	**K 11 – Kommissare im Einsatz** Doku-Reihe, D 2005	949-850

KOMÖDIE

20.15 Die Braut von der Tankstelle 6-632-237 FILM D 2005. TV-Premiere Mit René Steinke. R.: J. Broecker Felix hat seinen Porsche in Hamburg gegen eine heruntergekommene Tankstelle in der norddeutschen Ödnis getauscht. Leider führt die junge Weda gleich gegenüber die Tanke ihrer Familie – und schon bald einen Kleinkrieg gegen Felix. → S. 124

22.15 Bis in die Spitzen (1+2) 3-880-546 13-teilige Serie, D 2005 Mit Jeanette Hain, Tobias Oertel Als einer nach dem anderen von Nikis Stammkunden zu Mias neu gegründetem Friseursalon Bladerunner abwandert, steht Nikis Team vor einem Rätsel. Bald stellt sich heraus, dass jemand die Kundendateien aus dem PC von Buchhalter Rainer kopiert und Mia in die Hände gespielt hat.

0.15 Sat.1 News – Die Nacht 22-560

0.45 Quiz Night 7-648-638

b) Lesen Sie das Fernsehprogramm und suchen Sie für Ihren Partner / Ihre Partnerin etwas Passendes. Er/Sie sieht gern Dokumentationen, Krimis und die Nachrichten mit dem Wetter.

> *Zuerst kannst du heute Abend um 20.15 …*

c) Und was möchten Sie gern sehen? Notieren Sie.

---

3 **Kurze Mitteilungen.** Schreiben Sie die Nachrichten.

1. Alina Mayer hat eine Konferenz. In der Pause schreibt sie eine SMS an ihren Freund Pit. Es wird später. Pit soll schon das Essen machen.

2. Frau Salomon findet auf ihrem Schreibtisch eine Notiz von ihrem Chef. Sie soll einige Briefe als Fax an die Firma Scholl in Würzburg schicken.

3. Alex Strunz hatte einen Unfall am Goetheplatz. Sein Auto fährt nicht mehr. Er schreibt eine SMS an seine Frau. Er möchte, dass sie ihn abholt.

4. Herr Bachmann ist auf Geschäftsreise. Sein Zug hat Verspätung. Er schreibt eine SMS an seine Geschäftspartner. Sie sollen auf ihn warten.

5. Paul hat zwei Theaterkarten für morgen Abend. Er schreibt Mara eine SMS und fragt, ob sie mitkommt.

Pit, bin gerade in einer Besprechung. Komme später. Mach bitte schon das Essen. Gruß Alina

4 **SMS-Weltrekord.** Lesen Sie den Text und verbinden Sie die Sätze.

Brite schreibt 200 Buchstaben pro Minute!

Wien, 24.03.2005 – Ein Brite hat den Weltrekord im SMS-Schnellschreiben („simsen") geschafft und kommt damit ins *Guinness Buch der Rekorde*. Craig ₅ Crosbie hat einen Text mit 160 Buchstaben in 48 Sekunden mit seinem Handy geschrieben. Das sind ca. 200 Buchstaben pro Minute. Der Weltmeister hat mit seinem Rekord 70 000 ₁₀ Euro gewonnen. Auf die Frage, wie man so schnell schreiben kann, antwortet er: „Übung macht den Meister! Ich schreibe ca. 75 SMS pro Tag!"

Craig Crosbie kann	1	a	etwa 75 SMS am Tag.
Er schreibt	2	b	in 48 Sekunden geschrieben.
Craig Crosbie hat 160 Buchstaben	3	c	70 000 Euro gewonnen.
Der Brite hat	4	d	am schnellsten SMS schreiben.

5 **Medien**

a) Welches Wort passt nicht?

1. elektronische Medien: Fernsehen – Radio – Buch – Computer
2. Computer: Tastatur – Fernseher – CD-ROM – Monitor
3. Mitteilungen: E-Mail – SMS – Brief – MP3-Player
4. Film: Fernseher – DVD – Schallplatte – Kino

b) Was passt zusammen? Oft gibt es mehrere Antworten.

1. ein Buch	*a, b*	a)	schreiben
2. ein Video	....	b)	lesen
3. eine E-Mail	....	c)	hören
4. Musik	....	d)	sehen
5. ein Bild	....	e)	senden
6. einen Brief	....		
7. ein Fax	....		
8. eine SMS	....		

6 **E-Mail im Büro.** Wie machen Sie es? Was machen Sie sofort, was später? Ordnen Sie und schreiben Sie einen Text.

a) das Passwort eingeben   d) E-Mails beantworten   g) wichtige E-Mails speichern
b) E-Mails lesen   e) E-Mails löschen   h) den Computer einschalten
c) E-Mails ausdrucken   f) die Mailbox öffnen

Zuerst schalte ich ...
Einige E-Mails ...
Andere ...

7 **Bucheinkauf im Internet.** Schreiben Sie Sätze mit *ob* oder *dass* oder W-Sätze.

1. Max: Kann man im Internet auch Bücher kaufen?

   Max fragt, ob man im Internet auch Bücher kaufen kann.

2. Petra: Ja, und der Bücherkauf im Internet ist nicht teurer als im Geschäft.

   Petra sagt, dass der Bücherkauf im Internet

3. Max: Wann kommen die Bücher zu Hause an?

4. Petra: Die Bücher kommen nach drei bis vier Tagen an.

5. Max: Braucht man eine Kreditkarte?

6. Petra: Nein, man bekommt meistens eine Rechnung.

8 **Die Internationale Funkausstellung in Berlin.** Schreiben Sie indirekte Fragen.

Berlin, 2.–7.9.2005

Die Internationale Funkausstellung (IFA) ist die größte Messe für Radio und Fernsehen und andere elektronische Medien. Sie sind in Berlin – was möchten Sie wissen?

1. Wann beginnt die Messe?
2. Wo findet die Messe statt?
3. Ist der Eintritt für Studenten billiger?
4. Kann man auch Software-Programme sehen?
5. Kann man die Produkte dort kaufen?

Es interessiert mich, ...
Können Sie mir sagen, ...
Wissen Sie, ...

9 **Textkaraoke. Eine Reklamation.** Hören Sie und sprechen Sie die ◠-Rolle im Dialog.

14

🎧 ...

◠ Guten Tag.
   Ich habe letzte Woche bei Ihnen ein Notebook gekauft. Das möchte ich reklamieren.
   Es geht nicht mehr.

🎧 ...

◠ Ja, das habe ich schon gemacht, aber es funktioniert nicht. Der Monitor bleibt schwarz.

🎧 ...

◠ In der Gebrauchsanleitung steht, dass ich sechs Monate Garantie habe.

🎧 ...

◠ Wie lange dauert das denn?

🎧 ...

◠ Gut, dann bringe ich Ihnen morgen das Notebook. Auf Wiedersehen.

🎧 ...

Tut mir leid, wir haben den Fehler noch nicht gefunden.

10 Anzeigen verstehen

a) Lesen Sie die Anzeigen und ergänzen Sie die Adjektivendungen.

Alt............. und neu............. Monitore, PCs
und Drucker, modern............. Software,
gut............. Beratung. ☎ 0241/71263
b

Verkaufe schick............. schwarz.............
Handy mit Tasche.
Funktioniert wie neu! 50 €.
a ☎ 0173/123456

Verkaufe modern............. Anrufbeantworter,
schwarz, nicht benutzt. 6 €. ➀ 0168-345123
c

Kaputt............. Fernseher, Plastik,
braun, 70er Jahre zu verschenken.
Tel. 089/618345
d

Gut erhalten............. elegant.............
Schallplattenspieler, Sammlerstück.
VB 300 €. Chiffre: JK/123
e

b) Lesen Sie die Sätze 1–5.
Welche Anzeige passt zu welcher Situation?

Verkaufe alt............. billige.............
Handy für Wenigtelefonierer.
➀ 030/783923
f

1. ■ Ihre Mutter sucht einen Plattenspieler, weil sie ihre alten Schallplatten wiedergefunden hat. Sie möchte nicht viel Geld ausgeben.
2. ■ Sie haben Ihr Handy verloren, aber der Vertrag läuft noch. Sie brauchen das Handy oft.
3. ■ Ihre Freundin will kein Handy haben, weil sie schon ein Telefon hat. Sie möchten ihr aber zu Hause Nachrichten hinterlassen.
4. ■ Ihr Großvater repariert gern alte Radios und Fernseher. Sie wollen ihm eine Freude machen.
5. ■ Sie wissen nicht, ob Sie einen neuen oder gebrauchten Computer kaufen sollen. Sie brauchen Hilfe bei der Entscheidung.

Verkaufe billig............. Schallplattenspieler, 80er Jahre, englisch.............
Schallplatten (Pop und Rock) und
gebraucht............. Bücher.
Telefon: 0172-987123
g

Modern............. Fernseher, Radios
und Computer, günstig............. Preise!
Denken Sie nicht nach, rufen Sie an!
☎ 0163-453495
h

11 Adjektive: ohne Artikel / unbestimmter Artikel. **Ergänzen Sie.**

1. Gunnar und Sabine brauchen einen .... Fernseher (neu).
   Sie gehen in ein .... Kaufhaus (groß).
2. Sabine interessiert sich auch für .... MP3-Player (klein).
3. Gunnar sieht im Regal .... Radios (altmodisch).
4. Es gefällt ihm, dass es in diesen Radios .... Technik (modern) gibt!
5. Gunnar würde gern so ein .... Radio (toll) kaufen, aber es ist zu teuer. Am Ende kaufen sie einen .... Fernseher (günstig) und einen .... DVD-Player (billig).

Das kann ich auf Deutsch

über Medien sprechen

Ich höre jeden Tag Radio.

Angebote und Anfragen machen

Verkaufe altes Fahrrad.
Suche neuen Fernseher.

eine SMS schreiben

Treffen uns um acht am Kino. / Bin im Stau. Komme später, ca. 14.30.

einen Vorgang beschreiben

Zuerst kaufe ich eine Postkarte.
Dann schreibe ich die Postkarte und
klebe die Briefmarke auf.
Danach werfe ich die Postkarte in
den Briefkasten.

Wortfelder

Brief/SMS

einen Brief / eine SMS bekommen/
schreiben/schicken

Reklamation

Das Notebook ist kaputt. Ich möchte es umtauschen.

Computer und Internet

eine Datei öffnen / einen Text
speichern/drucken / online einkaufen

Grammatik

indirekte Fragen mit *ob*

Ich möchte wissen, **ob** du heute kommst.

Adjektivendungen im Nominativ und Akkusativ ohne Artikel

Verschenke groß**en** Monitor.
Billig**es** Radio zu verkaufen.
Suche schön**e** alte Uhr.
Verkaufe antik**e** Stühle.

indirekte W-Fragen

Tina hat gefragt, **wann** du den neuen
Computer kaufst.

Aussprache

Aussprache *h*

Haus, ge**h**en, **H**andy, **h**ören, wo**h**nen, za**h**len

„Knacklaut"

Umschlag, Adresse, Internet

 # Laut lesen und lernen

15

Schick mir eine SMS! / Ruf mich auf dem Handy an!
Ich finde, Online-Einkaufen ist bequem. Ich habe die Bücher im Netz bestellt.
Weißt du noch, wo du die CD gekauft hast?

6 Ausgehen

1 Donnerstag – Ausgehtag

1 Ausgehen. Wohin gehen die Leute?

a) Was hören Sie? Wo ist das?

b) Sehen Sie die Bilder an und lesen Sie die Texte. Welche Wörter in den Texten passen zu welchen Bildern?

a

Miriam Bothe, Kassel
Einmal im Monat gehe ich donnerstags ins Theater, weil ich ein Abonnement habe.
5 An den anderen Donnerstag-abenden treffe ich mich in der Stadt mit einer Kollegin. Mit ihr gehe ich dann zu einer „After-Work-Party". Das ist
10 eine Party, die gleich nach der Arbeit um 18 Uhr beginnt. Wir trinken etwas, tanzen oder unter-halten uns. After-Work-Partys dauern nicht so lange, um 22 Uhr bin ich zu Hause – ich muss ja am nächsten Tag arbeiten!

1

– Live –
Kuchenbeckers Jam-Session
Jazz meets Blues
jeden Do ab 21⁰⁰
Eintritt frei

b

ABONNEMENTS

ABONNEMENTS

STAATS
THEATER
KASSEL

2004 | 2005

FRIEDRICHSPLATZ 15
D-34117 KASSEL
KARTENTELEFON (0561)1094-222
WWW.STAATSTHEATER-KASSEL.DE

CINEMAXX BPP

Harry Potter 4

Preis: Datum   Zeit
8.80 EUR 02.07.04 20:00
LOGE

Kino   Reihe   Sitz
01   D   7

c

CINEMAXX ... MEHR ALS KINO.   Nur für gelöste Vorstellung gültig.

Frank Stucki und
Claudia Mai, Zürich
Donnerstags oder freitags gehen wir oft ins Kino und
5 danach noch zum Italiener eine Pizza essen. Manchmal gibt es auch ein Jazzkonzert im „Moods", dann gehen wir lieber dahin und treffen
10 uns noch mit Freunden, die auch Jazzfans sind. Mit ihnen macht das Konzert noch mehr Spaß!

2

Hier lernen Sie

► Freizeit: sagen, worauf man Lust hat
► eine Speisekarte lesen
► etwas im Restaurant bestellen
► übers Kennenlernen und über Kontakte sprechen
► Personalpronomen im Dativ: *mit dir, mit ihm*
► Relativsatz, Relativpronomen im Nominativ und Akkusativ
► Aussprache von Konsonantenhäufungen

Georg Westermann, Bochum
Donnerstag ist Stammtisch-tag. Um 19 Uhr gehe ich in die „Klause" und treffe mich mit
5 alten Freunden und Kollegen. Wir spielen Karten, meistens Skat. Dabei trinken wir ein Bierchen oder zwei und unter-halten uns über die Leute, die
10 wir kennen, oder über Politik und was so los ist in der Welt.

3

d

e

Ristorante Pizzeria
Pinocchio
Andreasstraße 17 · 8050 Zürich
direkt an der Messe
Öffnungszeiten:
Mo. - So. & Feiertage: 11.30 - 15.00 u. 17.30 - 23.30

f

2 **Informationen sammeln.** Ergänzen Sie die Tabelle.

Ü1

	Miriam	Frank und Claudia	Georg
Wohin?	....	....	....
Was?	....	....	....

 3 **Einen Abend planen.** Worauf haben Sie Lust? Üben Sie.

Ü2

Redemittel	Ich habe Lust auf	Kino / Theater / ein alkoholfreies Bier / eine Pizza / Fernsehen.
	Ich würde gern	essen gehen / in eine Jazzbar gehen / zu Hause bleiben und eine DVD gucken / mit Freunden kochen.

2 Im Restaurant

1 **Mein Lieblingsrestaurant.** Sprechen Sie in Gruppen über die Fragen.

a) Wohin gehen Sie gern essen?

> Ich gehe gern zum Italiener.

> Ich gehe am liebsten Griechisch essen.

> Wir gehen manchmal mit den Kindern zu „Burger Queen".

b) Mit wem gehen Sie dort essen? Was essen Sie dort gern?

2 **Im Restaurant „Zur goldenen Traube".** Lesen Sie die Speisekarte.

1. Was kennen Sie, was nicht?
2. Gibt es ein Gericht für Kinder?
3. Gibt es vegetarisches Essen?
4. Was mögen Sie gern, was gar nicht?

Restaurant „Zur goldenen Traube"

Im Spiegeltal 25
38717 Wildemann

Suppen	
Französische Zwiebelsuppe	3,30 €
Tomatensuppe mit Sahnehaube	3,30 €
Kleine und kalte Gerichte	
Wurstplatte mit Bauernbrot und Gurke	7,60 €
Käseplatte mit Baguette	6,90 €
„Toast Hawaii": Schinken und Ananas auf Toast mit Käse überbacken	6,50 €
Spezialitäten	
Rumpsteak mit Grilltomate, Kartoffelkroketten und Salatteller	14,90 €
Wiener Schnitzel mit Pommes Frites und Salatteller	12,20 €
Rindsroulade mit Rotkraut und Klößen	9,85 €
Gemüse und Salate	
Großer gemischter Salatteller mit Putenbruststreifen	6,90 €
Verschiedene Salate mit Streifen von gekochtem Schinken, Käse, Ei, Brot	7,50 €
Große Gemüseplatte mit Buttersauce und Bratkartoffeln	8,20 €
Für die Kleinen	
„Käpt'n Bär": Fischstäbchen mit Kartoffelsalat	3,50 €
„Mickymaus"-Teller: Pommes Frites mit Ketchup und Majonäse	2,80 €
Desserts	
Apfelstrudel mit Vanilleeis	3,85 €
Vanilleeis mit heißen Kirschen	4,55 €
Alkoholfreie Getränke		
Coca-Cola, Fanta	0,2 l	1,45 €
Saft: Apfel, Orange, Tomate	0,2 l	1,80 €
Mineralwasser	0,25 l	1,50 €
Clausthaler alkoholfrei	0,33 l	1,90 €
Alkoholische Getränke		
Bier vom Fass	0,5 l	2,80 €
Rot-/Weißwein	0,25 l	3,00 €

3 **Und was nimmst du?** Hören Sie den Dialog und markieren Sie die Gerichte in der Speisekarte.

32

4 Konsonanten-Menü. **Sprechen Sie erst ganz langsam und dann immer schneller.**

Rumpsteak mit Kartoffelkroketten, Rindfleisch mit Apfelstrudel, Bratwürstchen mit Klößen, Kartoffelsalat mit Käseplatte, Wiener Schnitzel mit Ketchup

5 Bestellen. **Hören Sie und lesen Sie mit. Welche Fotos passen zum Dialog?**

- ■ Haben Sie schon gewählt?
- ◆ Ja, ich hätte gern ein Weißbier und das Rumpsteak mit Grilltomate. Und vorher eine Zwiebelsuppe, bitte.
- ● Für mich bitte das Wiener Schnitzel mit Salat und noch einen Apfelsaft, bitte.
- ◆ Kann ich vielleicht Pommes Frites statt Kartoffelkroketten haben?
- ■ Aber natürlich.

6 „Sprachschatten". **Ihr/e Partner/in bestellt – spielen Sie Echo.**

- ■ Ich hätte gern die Tomatensuppe.
- ■ Ich hätte gern die Wurstplatte.
- ◆ Für mich bitte auch die Tomatensuppe.
- ◆ Für mich bitte auch die ...

7 Zungenbrecher. **Wer spricht am schnellsten?**

tschechische Skifreunde, frische chinesische Shrimps, Schweizer Schokoladenstatistik, österreichische Skischule, portugiesische Spezialitäten, schwedische Schneeschuhe

8 Rollenspiel: *Mit der Familie / mit Freunden im Restaurant.* **Verteilen Sie die Rollen, wählen Sie ein Menü aus und bestellen Sie. Die Redemittel helfen.**

Redemittel

im Restaurant

nach Wünschen fragen
Was kann ich Ihnen bringen?
Haben Sie schon gewählt?

etwas bestellen
Ich hätte / Wir hätten gern ...
Ich möchte ... / Ich nehme ... /
Noch ein/e/en ..., bitte.

etwas reklamieren
Der/Das/Die ... ist/sind kalt / zu salzig.
Können Sie mir noch eine Gabel /
ein Messer / einen Löffel bringen?
Haben Sie meine Bestellung vergessen?

sich entschuldigen
Das tut mir leid. Ich nehme es zurück.
Ich bringe Ihnen sofort die Gabel /
das Messer / den Löffel.
Ich frage sofort in der Küche nach.

nach dem Essen fragen
Schmeckt es Ihnen? / Sind Sie zufrieden?

das Essen kommentieren
Ja, danke, sehr gut. / Es geht.

3 Rund ums Essen

1 Beruf Restaurantfachfrau

Ü5

a) Lesen Sie den Text und beantworten Sie die Fragen.

Lena, 21, Restaurantfachfrau
Lena hat ihre Ausbildung bei einer Cateringfirma gemacht. Die Firma organisiert das Essen für Filmteams,
5 die in Köln Filme machen. Lena hat bei der Menüwahl und beim Einkaufen geholfen. In der Ausbildung musste sie auch kochen, Geschirr spülen, servieren, Speisekarten
10 schreiben und Tische decken. Lenas Arbeitsort war der große Cateringwagen. Die Ausbildung hat zwei Jahre gedauert. Lena hatte viele Kontakte zu den Schauspielern.

1. Wo hat Lena ihre Ausbildung gemacht?
2. Wie lange hat die Ausbildung gedauert?
3. Wo hat Lena gearbeitet?
4. Welche Aufgaben hat eine Restaurantfachfrau?

36

b) Hören Sie das Interview mit Lena. Welche Informationen sind neu?

2 Relativsätze: Personen oder Sachen genauer beschreiben. **Ordnen Sie zu.**
4

Hauptsatz		Relativsatz
Eine Restaurantfachfrau ist <u>eine Frau</u>,	1	a <u>der</u> für Gäste im Restaurant kocht.
Ein Koch ist <u>ein Mann</u>,	2	b <u>das</u> in Deutschland sehr beliebt ist.
Kaffee ist <u>ein Getränk</u>,	3	c <u>die</u> die Gäste im Restaurant berät.
Küchenhilfen <u>sind Leute</u>,	4	d <u>die</u> dem Koch in der Küche helfen.

3 Was ist das? **Ergänzen Sie die Relativpronomen.**

1. Eine After-Work-Party ist eine Party, ... gleich nach der Arbeit beginnt.

2. Ein „Gespritzter" ist in Österreich ein Getränk, ... aus Apfelsaft und Mineralwasser besteht.

3. Restaurantkritiker sind Journalisten, ... Essen im Restaurant testen.

Herr Ober, was ist das?

4. Ein griechischer Bauernsalat ist ein Salat, ... aus Tomaten, Gurken, Paprika, Käse und Zwiebeln besteht.

Das ist eine Fliege, ... in Ihrer Suppe schwimmt.

4 Regeln. **Ordnen Sie zu.**
4 Ü6

                         a   b   c

Latte Macchiato ist ein <u>Getränk</u>, **das** aus Milch und Kaffee (besteht) .

▨ Der Relativsatz ist ein Nebensatz. <u>Das Verb</u> steht am Ende.
▨ Der Relativsatz erklärt <u>ein Nomen</u> im Hauptsatz.
▨ <u>Das Relativpronomen</u> steht nach dem Komma.

5 Relativsätze in der Satzmitte. **Lesen Sie das Beispiel. Schreiben Sie die Sätze.**

Der Koch: Er arbeitet im Restaurant „Krone". Er macht die besten Schnitzel in der Stadt.

> Der Koch, der im Restaurant „Krone" arbeitet,
> macht die besten Schnitzel in der Stadt.

1. Die Restaurantfachfrau: Sie hat gerade ihre Ausbildung beendet.
   Sie arbeitet bei einer Cateringfirma.
2. Die Journalistin: Sie hat einen Restaurantskandal aufgedeckt.
   Sie schreibt für die „Frankfurter Rundschau".
3. Der Kellner: Er bringt die Karte. Er ist sehr freundlich.

6 Spezialitäten: Wie macht man das?

a) Relativpronomen im Akkusativ. Lesen Sie das Beispiel und vergleichen Sie die Sätze.

Baklava: ein türkischer Kuchen; aus Mehl, Wasser, Nüssen und Zucker.

Baklava ist ein türkischer Kuchen. Man macht **den Kuchen** aus Mehl, Wasser, Nüssen und Zucker.
Baklava ist ein türkischer Kuchen, **den** man aus Mehl, Wasser, Nüssen und Zucker (macht).

b) Beschreiben Sie wie in Aufgabe a).

Toast Hawaii: ein Toast; aus Toastbrot, Schinken, Ananas und Käse
Sushi: eine japanische Spezialität; aus Reis, Gemüse und Fisch
Käse-Fondue: ein Schweizer Gericht; aus Käse, Wein und Brot
Tsatsiki: eine griechische Soße; aus Joghurt, Gurke und Knoblauch
Frankfurter: Würstchen; aus Schweinefleisch

c) ... und was sind Wiener, Amerikaner, Kameruner und Krakauer? Recherchieren Sie. Beschreiben Sie im Kurs.

d) Und Ihre Spezialität? Berichten Sie.

Internettipp
www.google.de

7 Logisch, oder? **Lesen Sie im Kurs.**

Der Kellner bringt dem Gast ein Stück Apfelkuchen. Der Gast schaut sich das Stück Kuchen kurz an und sagt zum Kellner: „Ich hätte doch lieber ein Stück Erdbeerkuchen." Der Kellner bringt ihm den Erdbeerkuchen. Der Gast isst den Erdbeerkuchen mit großem Appetit und will dann das Lokal verlassen.

Kellner: „Hey, Sie haben den Erdbeerkuchen noch nicht bezahlt!"
Gast: „Aber den hab ich doch für den Apfelkuchen bekommen!"
Kellner: „Den haben Sie aber auch nicht bezahlt!"
Gast: „Den hab ich ja auch nicht gegessen ..."

4 Ausgehen – Kontakte – Leute kennen lernen

1 Im Büro, in der Kneipe, auf der Straße, im Internet ... **Wo kann man heute Leute kennen lernen? Wo haben Sie Partner und Freunde kennen gelernt?**

> **Redemittel**
>
> **übers Kennenlernen sprechen**
>
> Leute kann man am besten ... kennen lernen.
> Am besten geht man in ...
> Ich habe ... in ... kennen gelernt. Wir haben uns in ... getroffen.
> Das ist bei uns nicht so einfach.
> Bei uns kann ich als Frau (nicht) ...

2 Kennenlernen – eine Biografie

a) Was sagen die Fotos über Anneliese und Werner?

1970 haben wir geheiratet.

Das Konzert war toll!

Mit ihnen haben wir immer viel Spaß.

Ich habe mich mit ihm sofort gut verstanden und ich habe mit ihm die ganze Nacht getanzt.

Sie haben uns viel Freude gemacht!

37

b) Hören Sie das Interview und bringen Sie die Fotos in die richtige Reihenfolge.

3 **Kennenlern-Geschichten.** Schreiben Sie eine Geschichte – eine eigene oder eine von Freunden, von berühmten Personen oder ... Berichten Sie im Kurs.

4 **Personalpronomen im Dativ. Ergänzen Sie die Tabelle. Aufgabe 2a) hilft Ihnen.**
10 Ü9–10

> **Grammatik**
>
> | | Nominativ | Dativ |
> |---|---|---|
> | **Singular** | ich | mir |
> | | du | dir |
> | | er/es/sie | ..../ihm/...*ihr*...... |
> | **Plural** | wir | .... |
> | | ihr | euch |
> | | sie/Sie | ..../Ihnen |

Einheit 6

94

vierundneunzig

5 Kontakte

a) Lesen Sie den Text schnell. Welche Aussage passt zum Text?

1. ▢ Es geht um Partnersuche mit dem Computer.
2. ▢ Es geht um Diskussionen mit anderen Computerfans.
3. ▢ Es geht um Tipps, wie man Leute in Kneipen oder Diskos kennen lernt.

Traumprinz oder Traumprinzessin per Mausklick?

Online Herzen gewinnen

Immer mehr Menschen suchen den Partner fürs Leben im Internet. „Das Internet ist in Zukunft die Kontaktbörse Nr. 1", sagt Jan Becker von „friendscout24.de". Dort suchen schon 2,4 Millio-
5 nen Menschen neue Freunde oder einen Lebenspartner. „Es sind ganz normale Leute, die wenig Zeit haben für Kneipe, Disko oder Sport", so Becker.

Der Flirt-Experte rät: „Seien Sie ehrlich! Be-
10 schreiben Sie sich so, wie Sie sind und schicken Sie realistische Fotos. Man kann seinen Traumpartner nicht nach Alter, Hobbys und Geld im Internet bestellen. Wichtig in der ersten E-Mail: Sprechen Sie den Partner an. Beschäftigen Sie sich
15 mit ihm und sprechen Sie über interessante Hobbys oder den Beruf." Themen wie Exmänner und Exfrauen oder ernste Probleme sind tabu. „Finden sich die Internet-Flirter auch im wirklichen Leben sympathisch, haben sie immer noch Zeit für diese
20 Themen", so der Experte.

b) Welche Tipps gibt der Text? Was soll man (nicht) tun? Haben Sie eigene Ideen?

6 **Partnersuche im Internet.** Schreiben Sie Ihr Partnerprofil.

– Welche Hobbys haben Sie?
– Machen Sie Sport? Welchen?
– Was essen Sie gern?
– Wie sind Sie? Notieren Sie drei Adjektive.

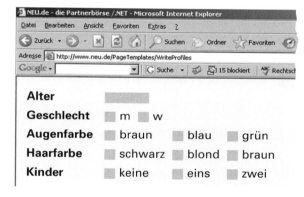

7 *Speed-dating* – so kann man schnell Leute kennen lernen

a) Lesen Sie den Text. Denken Sie sich sieben Fragen aus, die Sie beim ersten Kennenlernen stellen möchten.

Speed-datings gibt es in vielen Städten. Sieben Frauen treffen sieben Männer, lernen sich sieben Minuten lang kennen und wechseln dann zu einem neuen Gesprächspartner. In einer Stunde lernst du so sieben neue interessante Menschen kennen.
Und wie geht das? Du meldest dich mit deinem Partnerprofil auf einer Internetseite an. Passen genug Teilnehmer zu deinem Profil, bekommst du per E-Mail eine Einladung zu deinem *Speed-dating*.

b) Machen Sie ein *Speed-dating* im Kurs.

16

1 Tipps aus dem Radio für den Feierabend

a) Welche Tipps passen? Hören Sie und ordnen Sie zu.

1. ■ Herr und Frau Reichmann möchten gern mal wieder ins Theater gehen.
2. ■ Herbert Kunz hat Lust auf einen Kinobesuch. Er ruft seine Freundin Lisa an.
3. ■ Peter und Julia haben einen Tanzkurs gemacht. Jetzt wollen sie tanzen gehen.
4. ■ Heidrun möchte mit ihrem Mann zu Hause bleiben und einen Film gucken.
5. ■ Ben möchte mit seinen Kollegen nach der Arbeit Livemusik hören.

b) Hören Sie noch einmal und kreuzen Sie die richtige Antwort an.

1. Das „Leben des Galilei" beginnt um
a) ■ 19.30 Uhr.
b) ■ 18.30 Uhr.
c) ■ 19 Uhr.

2. Die Salsa-Nacht findet
a) ■ im „Havana Club" statt.
b) ■ in der Tanzschule „Ritter" statt.
c) ■ im Sportverein „Rot-Weiß" statt.

3. Das Per-Olof-Quintett
a) ■ kommt um 18 Uhr in den „Cuba Club".
b) ■ spielt am späten Abend.
c) ■ kommt heute nicht in den „Cuba Club".

4. Der Film „Alles auf Zucker"
a) ■ beginnt um halb fünf und um acht.
b) ■ dauert von 17.30 Uhr bis 20 Uhr.
c) ■ beginnt um 17.30 Uhr und um 20 Uhr.

5. Der Film „Goldfinger" kommt
a) ■ um sieben Uhr.
b) ■ um Viertel nach acht.
c) ■ um 19.30 Uhr.

2 Wohin in Frankfurt am Wochenende? Lesen Sie die Tipps und machen Sie einen Plan.

Samstag, 22. Oktober

FÜHRUNG

Familienführung, Malerei und gemalte Farbe, 15.15 Uhr, Museum für moderne Kunst, Domstraße 10, Tel. 21 23 04 47
Führung zu den Ausstellungen, 15 Uhr, Deutsches Architektur Museum, Schaumainkai 43, Tel. 21 23 88 44
Goethe – Drinnen und Draußen, 14 Uhr, Treffpunkt Museum für Moderne Kunst, Tel. 06 17 17 95 78

LITERATUR

400 Jahre Don Quijote, Michael Herl liest Cervantes, musikalische Begleitung: Kohnen und Vogt, 20.30 Uhr, Romanfabrik, Hanauer Landstraße 186, Tel. 49 08 48 29
Ulrich Wickert, liest „Die Wüstenkönigin", 16 Uhr, Alte Oper, Opernplatz, Tel. 13 04 04 00

ROCK & POP

Aljoscha Crema, 20.30 Uhr, Mampf, Sandweg 64, Tel. 44 86 74
Ants In Pants, 23 Uhr, Atelier Frankfurt, Hohenstaufenstraße 27, Tel. 74 30 37 70

NIGHTLIFE

At Least One Hour Peace, Heavy Tunes; Roter Salon: Party on the Rocks, 23 Uhr, O25, Ostparkstraße 25, Tel. 79 30 63 58
DJ Tempomat, House, 22 Uhr, Frankfurter Botschaft, Westhafenplatz 6–8, Tel. 24 00 48 99
Felipe dB, Bossa, Samba, 22 Uhr, Bastos, Gräfstraße 45, Tel. 70 72 00 04

OPER

Un ballo in maschera, von Verdi, 19.30 Uhr, Oper, Willy-Brandt-Platz, Tel. 13 04 04 00

Sonntag, 23. Oktober

THEATER

A Midsummer Night's Dream, von Shakespeare, 18 Uhr, English Theatre, Kaiserstraße 34, Tel. 24 23 16 20
Die Leiden des jungen Werthers, von Goethe, 19 Uhr, Schauspiel Frankfurt, Willy-Brandt-Platz, Tel. 13 04 04 00

JAZZ & BLUES

BenefizJazzBrunch, mit Reimer von Essen, 11.30 Uhr, King Creole, Eckenheimer Landstraße 346, Tel. 54 21 72
Michael Flügel Quintett, 20 Uhr, Jazzkeller, Kleine Bockenheimer Straße 18a, Tel. 28 85 37

KINDER

Der kleine Muck, musikalisches Märchen nach W. Hauff, ab 5 Jahren, 16 Uhr, Papageno Theater, Siesmayerstraße 61, Tel. 13 04 04 00
Froschkönig, 16 Uhr, Galli Theater, Basaltstraße 23, Tel. 97 09 78 17

KABARETT

David Leukert, „Ich und Du und Wir", 20 Uhr, Neues Theater Höchst, Emmerich-Josef-Straße 46a, Tel. 33 99 99 33

SHOW

Circus Roncalli, Karten-Tel. 25 78 29 0, 15 + 19 Uhr, Festplatz am Ratsweg

KLASSIK

Frankfurter Orgeltage, Werke von Fährmann, Mendelssohn, Liszt, Merkel u.a., 18 Uhr, Heiliggeistkirche, Kurt-Schumacher-Straße 23, Tel. 66 62 53 1
The Cleveland Orchestra, Werke von Mahler, 20 Uhr, Alte Oper, Opernplatz, Tel. 13 04 04 00

Am Samstag gehen wir um 14.00 zum Museum für Moderne Kunst.

3 Im Restaurant. **Ordnen Sie die Sätze und schreiben Sie einen Dialog.**

- ■ *1* Was kann ich Ihnen bringen?
- ■ ☐ Die Rechnung kommt sofort.
- ■ ☐ Und hier kommt Ihr Salatteller. Hat Ihnen die Suppe geschmeckt?
- ■ ☐ Oh, das tut mir leid. Darf ich Ihnen noch ein Wasser bringen? Das müssen Sie natürlich nicht bezahlen.
- ■ ☐ So, die Tomatensuppe und das Mineralwasser. Bitte schön.
- ■ ☐ So, und hier noch ein Mineralwasser ... Hat Ihnen der Salat geschmeckt?
- ■ ☐ Und zu trinken?
- ◆ ☐ Ich hätte gern zuerst eine Tomatensuppe und dann einen Salatteller mit Putenbruststreifen.
- ◆ ☐ Sie war leider etwas zu salzig.
- ◆ ☐ Danke schön.
- ◆ ☐ Ja, danke, sehr gut. Ich möchte zahlen, bitte.
- ◆ ☐ Oh ja, gern!
- ◆ ☐ Bitte ein Mineralwasser.

+ Was kann ich Ihnen bringen?
— ...

4 Auf dem Tisch. **Was sehen Sie? Ergänzen Sie die Wörter mit Artikel.**

1. ....
2. ....
3. ....
4. ....
5. ....
6. ....
7. *die Serviette* ....
8. ....
9. ....

5 **Beruf Hotelfachmann. Lesen Sie den Text und ergänzen Sie die Verben.**

~~putzen~~ – spülen – arbeiten – machen – lernen – machen – helfen – planen – besuchen – schreiben – decken

Ich heiße Stefan Wohmann. Ich .... eine

Hotelfachschule. Im Moment .... ich ein

Praktikum in einem Hotel. Ich .... in der

Küche und im Service. Ich .... die Menüs

mit dem Chefkoch und .... die Speisekarten.

Aber ich muss auch Geschirr .... und im

Restaurant die Tische .... Ich .... auch den

Zimmermädchen. Wir .... die Betten und ......*putzen*.............

das Bad. In der Hotelfachschule .... ich vor allem Sprachen.
Kommunikation ist das Wichtigste in diesem Beruf! Mein Traum: Hotelmanager
im „Waldorf Astoria" in New York!

6 **Essen international. Kennen Sie das? Verbinden Sie die Sätze mit Relativpronomen.**

1. Gado-Gado ist ein indonesisches Essen.
   Es besteht aus Gemüse, Eiern und Soße.

   ....

   ....

2. Goya ist ein Gemüse. Das Gemüse kommt
   von der japanischen Insel Okinawa.

   ....

   ....

3. Halloumi ist ein Käse aus Zypern.
   Er passt gut zu Rucolasalat.

   ....

   ....

4. Falafel ist ein vegetarisches Gericht aus
   dem Libanon. Es besteht aus Kichererbsen.

   ....

   ....

5. Die Litschi ist eine Frucht aus Südchina. Sie ist etwas größer als eine Kirsche.

   ....

6. Tacos sind kleine Snacks aus Mexiko. Sie schmecken auch vielen Deutschen.

   ....

7 **Ein Restaurantkritiker bei der Arbeit.**
**Verbinden Sie die Sätze mit Relativ-
pronomen im Akkusativ.**

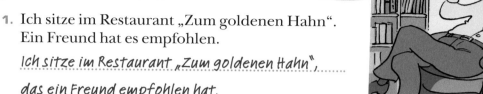

Du, ich muss dir
was erzählen!

1. Ich sitze im Restaurant „Zum goldenen Hahn".
   Ein Freund hat es empfohlen.

   Ich sitze im Restaurant „Zum goldenen Hahn",

   das ein Freund empfohlen hat.

2. Ich bestelle eine Zwiebelsuppe. Der Kellner bringt sie nach einer halben Stunde.

   ....

3. Dann bekomme ich ein Schnitzel. Ich habe das Schnitzel gar nicht bestellt!

   ....

4. Ich rufe den Kellner. Ich finde ihn sehr unfreundlich!

   ....

5. Er bringt endlich das Rumpsteak. Ich finde es viel zu salzig.

   ....

6. Zum Dessert esse ich einen Apfelstrudel. Ich finde ihn zu süß.

   ....

7. Nach dem Essen kommt ein kalter Kaffee. Ich trinke ihn nicht.

   ....

8. Am Ende bringt der Kellner die Rechnung. Mein Chef muss sie zum Glück bezahlen!

   ....

8 **Aus der Zeitung.** **Verbinden Sie die Sätze mit einem Relativpronomen
im Nominativ oder Akkusativ.**

Hunderestaurant „Waldi" in Erkrath

Düsseldorf – In Erkrath hat am Wochenende ein Restaurant neu geöffnet. Das Restaurant ist nur für Hunde.

1

OKTOBERFEST 2005

München – Das Oktoberfest 2005 haben
6,1 Millionen Gäste besucht. Sie haben
6 Millionen Liter Bier getrunken.

2

Hamburger für den großen Hunger

Washington – Der Journalist Peter Müller hat in einem Restaurant einen 6,8 kg schweren Hamburger
gesehen! Man kann ihn einfach bestellen.

3

Apfel noch immer Obst Nummer 1 in Deutschland

Berlin – Die Deutschen kaufen viele Äpfel. Sie haben die
Äpfel auch im Jahr 2004 zum beliebtesten Obst gewählt.

4

1. In Erkrath hat ein Restaurant neu geöffnet, das ...

9 **Personalpronomen im Dativ. Wer macht was mit wem? Ergänzen Sie die Sätze.**

1. Katharina trifft *Lisa und Hanna* . Sie geht mit *ihnen in die Sauna* .

2. Miriam ruft Felix an. Sie fragt ihn: „Willst du mit ....
....

3. Justin und Moritz treffen .... Sie wollen mit ....
....

4. Jannik ruft .... an: „Ich möchte mit ....
....

5. Florian und Tobias fragen .... : „Willst du mit ....
....

6. Simon trifft .... Er geht mit ....

10 **Gespräche auf der Party. Ergänzen Sie die Personalpronomen im Dativ
und die Relativpronomen.**

1. ■ Siehst du die Frau, ... mit dem blonden
   Typen spricht?

   ◆ Ja, das ist Susanne. Ich war mal mit ....
   im Tanzkurs.

2. ■ Schau mal da drüben. Peter und Katrin Haller.

   Letztes Jahr waren wir mit .... zusammen
   in Dänemark.

   ◆ Sind das nicht die beiden, ... immer in Skandinavien Urlaub machen?

3. ■ Matthias, kann ich später mit .... zusammen im Taxi zurückfahren?
   ◆ Ja, klar. Dann ist es billiger.

4. ■ Wollt ihr die Urlaubsfotos sehen, ... wir in Griechenland gemacht haben?

   ◆ Oh ja, nächstes Jahr wollen wir nämlich auch dahin. Am liebsten mit ....!

Das kann ich auf Deutsch

sagen, worauf man Lust hat

Ich habe Lust auf eine Pizza.
Ich würde gern eine DVD gucken,
und du?

übers Kennenlernen sprechen

Leute kann man am besten in der Disko
kennen lernen.
Ich habe ihn in der Schule kennen gelernt.
Immer mehr Leute suchen den Partner fürs
Leben im Internet.

etwas im Restaurant bestellen

Ich nehme die Wurstplatte und ein kleines Bier, bitte.
Noch ein Glas Apfelsaft, bitte.
Können Sie mir noch einen Löffel bringen?
■ Hat es geschmeckt? ◆ Ja, danke, sehr gut!

Wortfelder

Ausgehen

das Theaterabonnement,
der Stammtisch, die After-Work-
Party, die Jazzfans, etwas trinken
gehen

im Restaurant

die Speisekarte, das Dessert, die Rindsroulade
mit Rotkraut und Klößen, der Kellner /
die Kellnerin, das Messer, die Gabel,
der Löffel

Grammatik

Personalpronomen im Dativ

Ich habe mich mit **ihr** sofort verstanden.
Ich habe die ganze Nacht mit **ihm** diskutiert.

Relativsatz, Relativpronomen im Nominativ und Akkusativ

Ein griechischer Bauernsalat ist ein Salat, **der** aus Tomaten, Gurken, Paprika, Käse
und Zwiebeln besteht.
Toast Hawaii ist ein Toast, **den** man aus Toastbrot, Schinken, Ananas und Käse macht.

Aussprache

Konsonantenhäufungen

Frische chinesische Shrimps, Schweizer Schokoladenstatistik

Laut lesen und lernen

Kann ich Kartoffeln statt Pommes haben, bitte?
■ Ich habe heute Lust auf Kino, und du? ◆ Ich auch.
Wo habt ihr euch kennen gelernt?
Wollen wir nicht mal wieder zu Hause bleiben und ein Video gucken?

17

Station 2

1 Berufsbild Webdesigner

1 **Einen Text vorbereiten.** Ordnen Sie die Wörter den Beschreibungen zu.

Die
Suchmaschine **1**

Der Internetbrowser **2**

Der Internetsurfer **3**

Der/die Mediengestalter/in **4**

Die <u>Links</u> **5**

Das Web **6**

a oder das „world wide web" (www) ist ein anderes Wort für Internet.

b verbinden Internetseiten. Man erkennt sie an den unterstrichenen Wörtern.

c arbeitet in Werbe- und Multimedia-agenturen und gestaltet z. B. Bücher, Zeitschriften oder Internetseiten.

d ist ein Mensch, der das Internet nutzt und sich verschiedene Internetseiten ansieht.

e ist ein Programm, mit dem man Internetseiten lesen kann.

f hilft bei der Recherche nach Informa-tionen im Internet.

2 **Wichtige Informationen aus einem Text zusammenfassen.** Lesen Sie den Text und ergänzen Sie die Sätze.

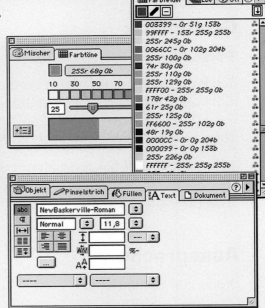

1. Norbert ist Webdesigner. Webdesigner entwickeln ...
2. Sie arbeiten mit ...
3. Sie brauchen für ihre Arbeit ...
4. Die Kunden wollen ...
5. Ein Webdesigner muss deshalb ...

Norbert Arendt hat sich schon in der Schule für Computer und moderne Kunst interessiert. Er hat dann nach der Schule drei Jahre lang eine Ausbildung als Mediengestalter gemacht. Seit sechs Jahren arbeitet Norbert Arendt jetzt als Webdesigner bei der X-ART-Werbeagentur in München. Web-designer entwickeln Internetseiten für Firmen, die ihre Produkte im Internet verkaufen möchten.
5 Der Beruf ist sehr kreativ. Norbert Arendt arbeitet mit Texten, Bildern, Grafiken und Videofilmen, die er ins Internet stellt. Er muss alle Internetbrowser und Suchmaschinen kennen, und er braucht für seine Arbeit verschiedene Programme und „Internetsprachen". Er entwickelt besonders gern

Vorschläge für das Farbdesign auf den Internetseiten. Er kombiniert unterschiedliche Farben und Formen. Die Kunden wählen dann aus, was ihnen gefällt. Eine Internetseite muss heute aber nicht
10 nur gut aussehen, sie muss auch funktional sein. Die Internetsurfer wollen sich schnell auf der Seite orientieren und Informationen finden. Zu viele Links oder zu dunkle Farben machen die Orientierung schwer. Die Surfer finden nicht, was sie suchen und wechseln auf eine andere Internetseite. Norbert Arendt muss deshalb die Seiten von seinen Kunden immer wieder testen und aktualisieren.

3 **Eine Internetseite bewerten.** Sehen Sie sich die Seite an.

a) Wie finden Sie diese Seite?

informativ
schön
(un)übersichtlich
interessant
zu voll
zu bunt

b) Welche Informationen sind am wichtigsten? Wo stehen sie?

4 **Lernstrategien: Recherchieren und Internetseiten lesen.** Ordnen Sie die Schritte.

a) ▇ Informationen beurteilen: *Auf welchen Seiten gibt es wichtige Informationen?*

b) ▇ Die Stichwörter eingeben: *Sind sie genau genug? Gibt es andere?*

c) ▇ Eine Frage/Aufgabe formulieren: *Was will ich wissen? Was weiß ich schon?*

d) ▇ Internetseiten auswählen und überfliegen: *Welche Seiten sind am interessantesten?*

e) ▇ Stichwörter für die Suche formulieren: *Welche Stichwörter sind am wichtigsten?*

5 **Strategien anwenden – kleine Rechercheaufgaben**

1. Suchen Sie im Netz Informationen über einen Sportler / eine Sportlerin aus Deutschland, Österreich oder der Schweiz (Name, Verein, Sportart etc.).

2. Wie ist das Wetter in Deutschland / in Ihrem Land?

3. Woraus macht man „Obatzda" und „Labskaus"?

4. Wo liegt Fehmarn?

2 Wörter – Spiele – Training

1 Interviewspiel: Hobbys und Freizeitaktivitäten. **Fragen und notieren Sie.**
Die Tabelle für Spieler 2 finden Sie auf S. 112.

Was macht Stefan im Sommer?

Er schwimmt, ...

Spieler 1	Stefan Weniger	Frau Gärtner
im Sommer	schwimmen, joggen und Rad fahren	
im Winter		beim Skispringen zusehen und Schlitten fahren
nach dem Sport	ein Brot essen und fernsehen	
abends		mit ihrer Freundin telefonieren, fernsehen
nach der Arbeit		einkaufen, mit dem Bus nach Hause fahren
sonntags	in der Band E-Gitarre spielen	

2 Ein Laufdiktat. **Diktieren und Korrigieren als Partnerarbeit.**

a) Legen Sie in jede Ecke im Kursraum ein Kursbuch.

b) Text A: Kursteilnehmer 1 läuft zum Buch, liest einen Satz, läuft zurück und diktiert den Satz. Kursteilnehmer 2 schreibt.

c) Text B: Jetzt läuft Kursteilnehmer 2 und diktiert den Text B.

d) Korrigieren Sie die Geschichte zusammen.

Die Reklamation

Text A

Im Wiener Kaffeehaus bestellt ein Gast eine Suppe. Der Ober bringt die Suppe. Der Gast probiert und sagt: „Herr Ober, die Suppe ist nicht heiß genug. Bitte bringen Sie mir eine neue Suppe." Der Ober bringt nach fünf Minuten eine neue Suppe und stellt sie auf den Tisch. Der Gast probiert und sagt wieder: „Herr Ober, die Suppe ist immer noch nicht heiß genug. Bitte bringen Sie mir eine *heiße* Suppe."

Text B

Der Ober kocht vor Wut und bringt dem Gast eine dritte Suppe. Der Gast probiert sie aber nicht. Er sagt sofort: „Die ist mir auch nicht heiß genug." „Aber mein Herr," sagt der Ober, „woher wissen Sie das? Sie haben doch die Suppe gar nicht probiert." Der Gast: „So lange Sie den rechten Daumen beim Servieren in der Suppe haben, ist sie einfach nicht heiß genug."

der Daumen

3 Gedichte lesen und schreiben

a) Lesen Sie das Gedicht. Betonen Sie die Verneinung.

Der schöne 27. September

Ich habe keine Zeitung gelesen
Ich habe keiner Frau nachgesehen
Ich habe den Briefkasten nicht geöffnet
Ich habe keinem einen guten Tag gewünscht
Ich habe nicht in den Spiegel gesehen
Ich habe mit keinem über alte Zeiten gesprochen und
Ich habe nicht über mich nachgedacht
Ich habe keine Zeile geschrieben
Ich habe keinen Stein ins Rollen gebracht*

Thomas Brasch

Dienstag

27

September

*etwas in Bewegung bringen

b) Schreiben Sie Ihr Gedicht.

Mein schöner 2. November

4 Ein Worträtsel

1. Dort treffen sich Menschen mit gleichen Interessen.

   Es gibt 57 4359 ....e in Deutschland.

2. Hier machen fünf Millionen Deutsche Sport und trainieren für eine gute

   Figur und für ihre Gesundheit: ....

3. Das feiern die Vereinsmitglieder oft zusammen: *ein*..............................

4. Ein bekannter Marathonlauf in der Schweiz findet hier statt:

   ....

5. Ein Angebot zur Kinderbetreuung: .... (ß = SS)

6. Beliebter Ausgehtag: ....

7. Man sieht sie am Himmel und danach hat man einen Wunsch frei (aus dem

   Wettbewerb „das schönste deutsche Wort"): ....

8. Sport mit Pferden: ....

Lösung: ....

3 Grammatik und Evaluation

1 **Grammatikbegriffe.** Diese Begriffe haben wir in den Einheiten 1 bis 6 verwendet. Können Sie die Sätze den Begriffen zuordnen?

Einheit

Heute gehen <u>alle</u> zur Party, <u>niemand</u> bleibt zu Hause.	1	a Possessivartikel im Dativ	....
Mein Bruder ist <u>älter</u> als ich.	2	b Nebensatz: indirekte *w*-Frage	....
<u>Am liebsten</u> esse ich Pizza.	3	c Indefinita	....
Können Sie mir sagen, <u>wo hier ein gutes Restaurant ist</u>?	4	d Nebensatz: indirekte Frage mit *ob*	....
Nach dem Sport dusche ich <u>mich</u>.	5	e Nebensatz: Relativsatz	....
Auf dem Foto bin ich mit <u>meinem</u> Freund.	6	f Nebensatz mit *weil*	....
Das ist <u>Pauls</u> neue Freundin.	7	g Komparativ	....
Ich möchte wissen, <u>ob du mit in den Tanzkurs gehst</u>.	8	h Superlativ	....
Das ist ein Film, <u>den du sehen musst</u>.	9	i Genitiv-*s*	....
Ich lerne Türkisch, <u>weil ich oft in der Türkei Urlaub mache</u>.	10	j Reflexivpronomen	....

2 **Ein Grammatiktest**

a) Verben mit Präpositionen und Reflexiva. Ergänzen Sie die Reflexivpronomen.

sich treffen mit – sich unterhalten mit – sich kennen lernen – sich interessieren für – sich freuen auf – sich anmelden

1. Immer mehr Paare lernen ....*sich*.... im Internet kennen.

2. Meine Tante interessiert .... für Kunst und Musik.

3. Freust du .... auf das nächste Wochenende?

4. Natascha und Nicolai, wo habt ihr .... kennen gelernt?

5. Zuerst muss man .... anmelden, dann kann man Bücher im Internet bestellen.

6. Im nächsten Sommer treffen wir .... mit Freunden in Italien.

7. Gestern habe ich .... lange mit Frau Schiller unterhalten.

b) Ergänzen Sie die Nebensätze mit *weil, dass, ob, wo* oder *das*.

1. Ich finde, ... Fußballspielen ein schönes Hobby ist.

2. Ich möchte wissen, ... unsere Mannschaft gewonnen hat.

3. Das Tor, ... in der letzten Minute gefallen ist, war einfach super!

4. Peter kann nicht zum Training gehen, ... er krank ist.

5. Kannst du mir sagen, ... der Trainer ist?

3 Adjektive. Wer passt zu wem? Schreiben Sie Kontaktanzeigen.

Sympathischer, kreativer, sportlicher (Tennis, Joggen) Typ (32 / 175 cm / 75 kg) sucht verrückte, intelligente, romantische und fröhliche Traumfrau für alles, was zusammen mehr Spaß macht. Ein Bild von dir wäre toll! Texas2005@gmx.net

interessant, blond, ruhig, klug, kinderlieb, intelligent, sensibel, tolerant, sportlich, attraktiv, sympathisch, ...

Er/Sie	
Typ	sucht
Mann/Frau	wünscht sich
Zahnarzt	möchte ... kennen lernen
...	

→

romantisch, schön, verrückt, schlank, groß, rundlich, natürlich, kreativ, fröhlich, klein, stark, schwierig, ...

→

Ihn/Sie	für gemeinsame Freizeitgestaltung
Mann/Frau	für alles, was zusammen mehr Spaß macht
Venus	für immer
Supermann	für eine harmonische Ehe
...	...

Romantische, blonde, schlanke Sie (27 / 167 cm / 54 kg) wünscht sich intelligenten, großen, starken, kreativen Ihn für gemeinsame Freizeitgestaltung und (vielleicht) mehr. Bitte mit Bild an Chiffre 7654/P

4 Systematisch wiederholen – Selbstevaluation.
Machen Sie die Übungen zu zweit. Was meinen Sie: ☺ oder ☹?

Das kann ich auf Deutsch	Einheit	Übung	☺ gut	☹ noch nicht so gut
1. Sagen Sie, was Sie in der Freizeit machen.	4	2.2	■	■
2. Erzählen Sie chronologisch: *Zuerst, dann ...*	4	2.5	■	■
3. Sprechen Sie über Ihre Interessen: Nennen Sie drei Dinge, die Sie interessieren.	4	2.6	■	■
4. Stellen Sie fünf Fragen und fragen Sie nach: *Ich habe gefragt, ob ...*	5	4.1	■	■
5. Sagen Sie, worauf Sie heute Abend Lust haben.	6	1.3	■	■
6. Bestellen Sie im Restaurant.	6	2.2	■	■
		2.8	■	■
7. Beschreiben Sie Personen genauer: *Ein Kellner ist ein Mann, der ... / Eine Busfahrerin/Lehrerin*	6	3.2	■	■

4 Videostation 2

1 **Landeskunde und Grammatik: Lübeck.** Verbinden Sie die Sätze
und schreiben Sie einen kurzen Text über Lübeck.

1. Das Holsten Tor („*Holstein-Tor*") hat man zwischen 1464 und 1478 gebaut. Es ist das
bekannteste Symbol Lübecks.
2. Das Haus in der Mengstraße 4 hat eine lange Geschichte. Das Haus hat der Familie
Mann gehört. Thomas Mann hat hier gelebt. Er hat für den Roman „Die Budden-
brooks" den Literaturnobelpreis bekommen. In dem Haus ist heute das Heinrich-
und-Thomas-Mann-Zentrum.
3. Marzipan ist eine Süßigkeit aus Lübeck. Man
macht sie aus Mandeln und Zucker. Das
Lübecker Marzipan ist eine Spezialität. Man
exportiert sie in die ganze Welt.

Das Holsten Tor, das man ...

2 **Grammatik sehen und hören.** Ergänzen Sie
die Präpositionen und die Artikel aus dem Dialog
im Film.

Herr Wagner: Hallo Frau Damsch, wie war
die Reise?

Katja: Danke gut. ....¹
neuen ICE geht es wirklich schnell
von Berlin nach Hamburg.

Herr Wagner: Erzählen Sie doch ein bisschen über Ihr Projekt.

Katja: Wir machen ein Landeskundeprogramm ....² Fremd-
sprachenunterricht. Wir wollen drei bis vier Städte in Deutschland

zeigen, und Menschen ....³ Arbeit und ....

...............⁴ Freizeit. Vielleicht ein Museum oder zwei. Natürlich fangen

wir ....⁵ Hamburgreportage an.

3 **Eine Bestellung beim
Pizzaservice.**
**Was bestellen Katja,
Justyna und Kai?
Notieren Sie die
Bestellung auf dem
Zettel.**

Anzahl

☐ **Pizza Roma** mit Tomaten und Käse

☐ **Pizza Neapolitana** mit Knoblauch, Salami, Zwiebeln und scharfen Peperoni

☐ **Pizza Milano** mit Käse, Salami, Knoblauch und Peperoni

☐ **Pizza Vegetaria** mit Paprika, Tomaten, Knoblauch, Zwiebeln, Oliven und Peperoni

☐ **Salat Nizza** mit Eiern, Thunfisch, Zwiebeln und Sardellen

☐ **Italienischer Salat** mit Käse und Schinken

Extras: _____

4 **Eine Reklamation als Fotoroman.** Ordnen Sie die Sätze den Sprechblasen zu. Kontrollieren Sie mit dem Video.

1. ☐ Na gut, was macht das, bitte?
2. ☐ Pizza!
3. ☐ Doch, hier steht's: fünf Pizzen und zwei Salate.
4. ☐ Hier, stimmt so.
5. ☐ Wir frieren zwei ein, für morgen.
6. ☐ Oh Mann, das war lecker. Ich bin aber müde, ich muss ins Bett.
7. ☐ 38,50, bitte.

8. ☐ Oh nein, Katja. Was hast du denn bestellt?
9. ☐ Danke schön. Tschüss und guten Appetit.
10. ☐ Jau, ich spül dann mal.
11. ☒ Ich auch. Wir haben morgen einen langen Drehtag. Gute Nacht, Karsten.
12. ☐ Das habe ich nicht bestellt.

5 Landeskunde: Katja und Justyna drehen einen Film über Hamburg. Welche Informationen sind richtig? Kreuzen Sie an.

a) ☐ Die Speicherstadt ist das ökonomische Zentrum der Stadt.
b) ☐ Hier gibt es viele neue Wohnungen, die aber nicht billig sind.
c) ☐ Der Hafen ist über 100 Quadratkilometer groß.
d) ☐ Die Alster ist ein Fluss in der Stadt, an dem viele Hamburger sich erholen.
e) ☐ Die Alster ist weit entfernt von der Innenstadt.
f) ☐ In der Innenstadt gibt es viele Geschäfte und Einkaufszentren.
g) ☐ Das Wetter ist in Hamburg nicht schlechter als an anderen Orten in Deutschland.

Was sind „Urbane Legenden?"

Urbane Legenden sind moderne Mythen, die man irgendwo gehört hat und die man weitererzählt. Es gibt sie in jedem Land. Inzwischen findet man auch Sammlungen im Internet. Jeder sagt: Es ist unglaublich, aber ich kenne jemanden, dem ist das wirklich passiert. Sie klingen irgendwie logisch, aber niemand weiß genau, ob sie stimmen. Die Geschichten sind immer witzig, oft aber auch tragisch, manchmal sogar brutal.

SKIFAHRER RAMMTE PENSIONISTIN IM STIEGENHAUS

Eine Party bei Studenten. Das Geburtstagskind hat von den Eltern eine Skiausrüstung bekommen. Um Mitternacht kocht die Stimmung und die Gäste haben die Idee, Frank soll die neuen Skier im Stiegenhaus ausprobieren. Es ist ein altes Haus mit schönen Holzstiegen. Oben klappt es gut und alle klatschen. Fast unten passiert es: Die Pensionistin Clara F. ist auf dem Weg in ihre Wohnung, als der Skifahrer sie rammt. Die alte Dame muss ins Spital. Drei Tage später wollen die Studenten sie mit einem Strauß Blumen besuchen und sich noch einmal entschuldigen, aber sie ist nicht mehr da. Die Krankenschwester erzählt: Der Arzt hat am nächsten Morgen gefragt, wie das denn passiert ist, und die Dame hat erzählt, dass es ein Unfall mit einem Skifahrer im Stiegenhaus war. Da hat er sie in die psychiatrische Abteilung bringen lassen.

Pensionistin (A): Rentnerin,
Stiegenhaus (A): Treppenhaus,
Spital (A, CH): Krankenhaus

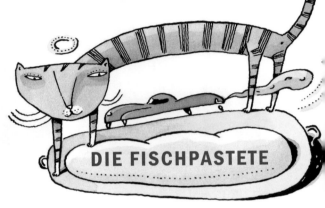

DIE FISCHPASTETE

Ein Ehepaar hat Gäste zum Essen eingeladen. Als Vorspeise gibt es Fischpastete. Die beiden kochen zusammen in der Küche, gehen dann aber ein paar Minuten ins Wohnzimmer, weil sie die Nachrichten im Fernsehen anschauen wollen. Plötzlich merken sie, dass die Katze in der Küche ist und die Pastete gefunden und probiert hat. Weil die Gäste gleich kommen und keine Zeit mehr ist, servieren sie die Pastete trotzdem. Alle loben die tolle Pastete. Nachdem die Gäste gegangen sind, suchen sie die Katze und – wa… für ein Schreck – sie finden si… tot neben der Haustür. Da… kann nur die Fischpastete sein… In Panik rufen sie sofort di… Gäste an und bitten sie, sie sol… len ins Krankenhaus fahre… und sich dort untersuchen las… sen. Am nächsten Morgen fin… den sie einen Zettel im Brie… kasten: Es tut mir furchtba… leid, aber ich habe Ihre Katz… vor meiner Garage überfahre… Sie hatten Gäste und ich woll… Sie nicht stören. Bitte entschu… digen Sie vielmals. Ich komm… morgen vorbei. Ihr Nachbar.

Was kann man mit Geschichten machen ?!

- leise oder laut lesen
- im Kurs zusammen lesen
- hören
- weiter erzählen / eine andere erzählen
- Fragen stellen
- in der Muttersprache über sie sprechen

hol mich nicht ab
wenn ich komme
steh nicht auf dem bahnsteig
geh mir nicht entgegen
5 lass dich nicht küssen
sag nicht wir fahren wohin du willst
steig nicht im erstbesten hotel ab
sieh mich nicht dauernd an
bleib nicht eine ganze stunde da
10 stammle nicht du müsstest heim
renne nicht vor mir her
dreh dich nicht um
heb nicht die hand
wink mir nicht zu
15 fahr nicht

Róža Domašcyna

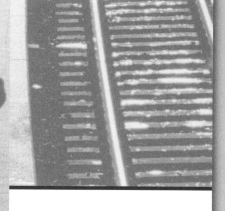

Herbstmorgen in Holland

Die Nebelkuh am Nebelmeer
muht nebel mei-
nem Bahngleis her
nicht neben, denn
5 wo Nebel fällt,
wird auch das n zum l entstellt.

Herbstmorgel il Hollald

Lul weiter il die Lebelwelt
so bil ich eldlich kolsequelt
uld sage licht mehr Nebel
lur lebel

Erich Fried

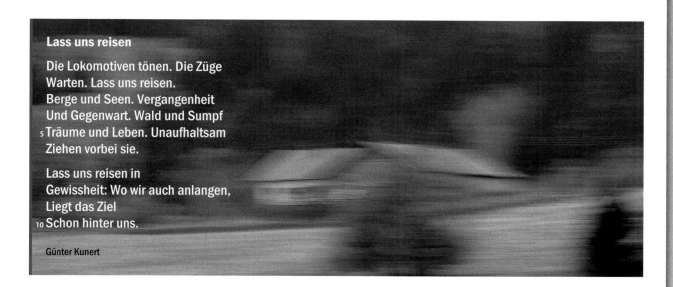

Lass uns reisen

Die Lokomotiven tönen. Die Züge
Warten. Lass uns reisen.
Berge und Seen. Vergangenheit
Und Gegenwart. Wald und Sumpf
5 Träume und Leben. Unaufhaltsam
Ziehen vorbei sie.

Lass uns reisen in
Gewissheit: Wo wir auch anlangen,
Liegt das Ziel
10 Schon hinter uns.

Günter Kunert

**Was kann
man mit
Gedichten
machen** ?!

- vorlesen
- auf CD hören  38
- wichtige Wörter im Wörterbuch suchen
- Fragen stellen
- in der Muttersprache über sie sprechen
- umschreiben
- auswendig lernen

Partnerseite

Station 2, Aufgabe 2.1

1 **Interviewspiel: Hobbys und Freizeitaktivitäten.** Fragen und notieren Sie.
Die Tabelle für Spieler 1 finden Sie auf S. 104.

Was macht Frau Gärtner im Sommer?

Sie liegt ...

Spieler 2	Stefan Weniger	Frau Gärtner
im Sommer		in der Sonne liegen, Zeitschriften lesen, Kaffee trinken
im Winter	ins Fitnesstraining gehen und Snowboard fahren	
nach dem Sport		sofort ins Bett gehen
abends	Videospiele am Computer spielen	
nach der Arbeit	Volleyball spielen und etwas trinken gehen	
sonntags		im Chor singen

Grammatik auf einen Blick –
studio d A2 / Teilband 1

Sätze

1 Gründe ausdrücken: Nebensätze mit *weil*

2 Seine Meinung ausdrücken: Nebensätze mit *dass*

3 Indirekte Fragen
   1 Ja/nein-Fragen: *ob*
   2 Fragen mit Fragewort: *wann, wo, ...*

4 Personen oder Sachen genauer beschreiben: Relativsätze im Nominativ und Akkusativ

5 Gegensätze ausdrücken: Hauptsätze und Informationen mit *aber* verbinden

6 Alternativen ausdrücken: *oder*

Wörter

7 Nomen verbinden mit Genitiv-*s: Petras Großvater*

8 Possessivartikel im Dativ

9 Übersicht Possessivartikel: Nominativ, Akkusativ, Dativ

10 Personalpronomen: Nominativ, Akkusativ, Dativ

11 Reflexivpronomen im Akkusativ: *sich interessieren für*

12 Komparation – Vergleiche mit *als* und *so ... wie*

13 Adjektive im Dativ mit Artikel

14 Adjektive ohne Artikel: Nominativ und Akkusativ

15 Indefinita – unbestimmte Menge (Personen): *niemand, wenige, viele, alle*

16 Modalverben *sollen*

1 Gründe ausdrücken: Nebensätze mit *weil*

E 1

Hauptsatz	**Hauptsatz**
Ich habe Englisch gelernt.	Es (war) ein Schulfach.

Hauptsatz	**Nebensatz**
Ich habe Englisch gelernt,	**weil** es ein Schulfach (war).

Regel Im Nebensatz steht das Verb am Ende. Der Nebensatz beginnt mit *weil*.

2 Seine Meinung ausdrücken: Nebensätze mit *dass*

E 2

Ich meine,	**dass** das Auto zu teuer (ist).
Meinst du nicht auch,	**dass** das Auto zu teuer (ist)?
Ich habe gesagt,	**dass** ich das Auto zu teuer (finde).

3 Indirekte Fragen

E 5

1 Ja/nein-Fragen: *ob*

- ■ (Kommst) du am Wochenende?

- ◆ Entschuldigung, was hast du gesagt?

- ■ Ich habe gefragt,   **ob** du am Wochenende (kommst)?

2 Fragen mit Fragewort: *wann, wo, ...*

Kannst du mir sagen,	**wann** du (kommst)?
Ich möchte wissen,	**wann** du (kommst). Um drei oder um vier?

Wann kommst du?

4 Personen oder Sachen genauer beschreiben: Relativsätze im Nominativ und Akkusativ

E 6

Marillenknödel:
Das sind Knödel,
die man mit
Marillen (Apri-
kosen) macht.

Christstollen:
Das ist ein
Kuchen, den
man zu Weih-
nachten backt.

Hauptsatz 1	Hauptsatz 2
Das sind Knödel.	Man macht <u>sie</u> mit Aprikosen.
Das ist ein Kuchen.	Man backt <u>ihn</u> zu Weihnachten.

Hauptsatz	Relativsatz
Das sind <u>Knödel</u>,	**die** man mit Aprikosen (macht).
Das ist <u>ein Kuchen</u>,	**den** man zu Weihnachten (backt).

Regel Der Relativsatz erklärt ein Nomen im Hauptsatz.

Nominativ **Der** Mann, ist Raucher.
     der in der Wohnung neben uns wohnt,

Akkusativ **Der** Kaffee, ist kalt.
     den der Kellner eben gebracht hat,

Nominativ **Das** Auto, war erst ein halbes Jahr alt.
     das jetzt kaputt ist,

Akkusativ **Das** Steak, war zäh.
     das ich letzte Woche hier gegessen habe,

Nominativ **Die** Frau, wartet schon eine Stunde auf das Essen.
     die dort am Tisch sitzt,

Akkusativ **Die** Suppe, war salzig.
     die ich bestellt habe,

Regel **Plural** im Nominativ und Akkusativ immer **die**: die Männer / die Kinder / die Frauen, die ...

5 Gegensätze: Hauptsätze und Informationen mit *aber* verbinden

E 3

Hauptsatz	Hauptsatz
Eine Reise mit dem Zug dauert länger als mit dem Flugzeug.	Sie ist bequemer.
Eine Reise mit dem Zug dauert länger als mit dem Flugzeug,	**aber** sie ist bequemer.

6 Alternativen ausdrücken: *oder*

E 3

Gehen wir zu dir **oder** zu mir?
Magst du Tee **oder** magst du Kaffee?
Tee **oder** Kaffee?

schwierig oder einfach
frei oder unterdrückt
gehorsam oder ungehorsam
zufrieden oder unzufrieden

Hauswand in Berlin

7 Nomen verbinden mit Genitiv-*s*: *Petras Großvater*

E 2

Das ist der Großvater von Petra. / das Auto von Susanne. / die Frau von Jan.
Das ist Petras Großvater.   / Susannes Auto.   / Jans Frau.

8 Possessivartikel im Dativ

E 2

		der Computer *das* Auto	*die* Chefin
Singular	ich	meinem	meiner
	du	deinem	deiner
	er/es	seinem	seiner
	sie	ihrem	ihrer
Plural	wir	unserem	unserer
	ihr	eurem	eurer
	sie/Sie	ihrem/Ihrem	ihrer/Ihrer
Plural (Nomen)		meinen/unseren Computern, Autos, Chefinnen	

Das bin ich mit meinem neuen Computer!

9 Übersicht Possessivartikel: Nominativ, Akkusativ, Dativ

E 2

		der	*das*	*die*
Singular	Nominativ	mein Hund	mein Auto	meine Firma
	Akkusativ	meinen Hund	mein Auto	meine Firma
	Dativ	meinem Hund	meinem Auto	meiner Firma
Plural	Nominativ	meine Hunde/Autos/Firmen		
	Akkusativ	meine Hunde/Autos/Firmen		
	Dativ	meinen Hunden/Autos/Firmen		

Regel Alle Possessivartikel *(dein, sein, unser ...)* und auch *(k)ein* haben die gleichen Endungen wie *mein*.

10 Personalpronomen: Nominativ, Akkusativ, Dativ

E 6

Du fährst in die Stadt? Kannst du mich mitnehmen?

	Nominativ	Akkusativ	Dativ
Singular	ich	mich	mir
	du	dich	dir
	er	ihn	ihm
	es	es	ihm
	sie	sie	ihr
Plural	wir	uns	uns
	ihr	euch	euch
	sie/Sie	sie/Sie	ihnen/Ihnen

Ja, du kannst mit mir bis zum Viktoria-Luise-Platz fahren.

11 Reflexivpronomen im Akkusativ: *sich interessieren für*

E 4

■ **Interessierst** du **dich für** Politik? ◆ Ja, aber ich **ärgere mich über** die Politiker.
Wer **interessiert sich für** Sport?
Susanne **freut sich auf** das Wochenende mit Klaus. Sie hat **sich über** sein Geschenk
gefreut. Sie **treffen sich** am Wochenende **mit** Freunden.
Meine Kollegin **fühlt sich** heute nicht gut. Sie **regt sich über** ihren Chef auf.
Jetzt **entspannt** sie **sich mit** Yoga.

	Personal-pronomen im Akkusativ	Akkusativ-Reflexiv-pronomen
Singular	mich	mich
	dich	dich
	ihn	**sich**
	es	**sich**
	sie	**sich**
Plural	uns	uns
	euch	euch
	sie/Sie	**sich**

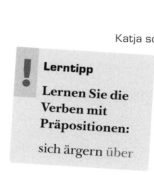

Katja schminkt sich.

Sie schminkt Katja.

! **Lerntipp**

Lernen Sie die Verben mit Präpositionen:

sich ärgern über

Regel Reflexivpronomen im Akkusativ = Personalpronomen
im Akkusativ, außer in der 3. Person (er, es, sie; sie/Sie)

12 Komparation – Vergleiche mit *als* und *so ... wie*

E 1

Das Matterhorn ist **der schönste** Berg Europas,
aber nicht **der höchste.**

Der Mont Blanc (4807 m) ist **höher als** das
Matterhorn (4478 m).

Das Matterhorn ist **nicht so hoch wie** der
Mont Blanc.

Ich finde, der Mont Blanc ist **(genau) so schön
wie** das Matterhorn.

1	schwer	schwerer	am schwersten	der/das/die schwerste
	schön	schöner	am schönsten	der/das/die schönste
	leicht	leichter	am leichtesten	der/das/die leichteste
	weit	weiter	am weitesten	der/das/die weiteste
2	lang	länger	am längsten	der/das/die längste
	jung	jünger	am jüngsten	der/das/die jüngste
	groß	größer	am größten	der/das/die größte
	hoch	**höher!**	am höchsten	der/das/die höchste
3	viel	**mehr**	am **meisten**	der/das/die **meiste**
	gut	**besser**	am **besten**	der/das/die **beste**
	gern	**lieber**	am **liebsten**	der/das/die **liebste**

13 Adjektive im Dativ mit Artikel

E 2

Wer ist die Frau mit dem blau**en** Pullover?
Das ist Katrin.
Jan und Katrin leben in einem klein**en** Haus
auf dem Land.

Regel Adjektive im Dativ mit Artikel:
Die Endung ist immer **-en**.

14 Adjektive ohne Artikel: Nominativ und Akkusativ

E 5

Alter Fernseher gesucht!
✆ 030/29 77 30 34

Altes Auto, 1972, VW-Käfer,
fährt noch! Nur 100,– €,
☎ 089-34 26 77

Verkaufe alten Fernseher,
suche neuen Heimtrainer.
Tel.: 0171/33 67 87 99

Singular	*(der)*	*(das)*	*(die)*
Nominativ	alt**er** Fernseher	alt**es** Radio	alt**e** Uhr
Akkusativ	alt**en** Fernseher	alt**es** Radio	alt**e** Uhr

Plural	*(die)*
Nominativ/Akkusativ	alt**e** Fernseher/Radios/Uhren

! **Adjektive ohne Artikel:**
Den Artikel erkennt
man an der Endung.

Regel Adjektive ohne Artikel haben die gleiche Endung wie Adjektive mit
unbestimmtem Artikel (im Nominativ und Akkusativ).

Suche rotes Kleid.

Ich habe ein rotes Kleid gekauft.

15 Indefinita – unbestimmte Menge (Personen): *niemand, wenige, viele, alle*

E 4

Niemand hat Zeit.
Wenige machen Musik.
Viele machen Sport.
Bei uns im Kurs schlafen **alle**.

16 Modalverben *sollen*

E 3

	sollen
ich	soll
du	sollst
er/es/sie	soll
wir	sollen
ihr	sollt
sie/Sie	sollen

*Klaus hat gerade angerufen.
Du sollst ihn vom Bahnhof abholen.*

Phonetik auf einen Blick

Wortakzent in internationalen Wörtern

das Radio – die Kamera – die Zigarette – die Kassette – intelligent –

die Universität – traditionell – die Politik – der Intensivkurs – interessant

Aussprache von -er als [ɐ]

die Mutter – der Vater – die Schwester – der Bruder – die Tochter

Lippenlaute [b, v, m]

Bitte ein Weißbrot mit Marmelade. Nein, lieber eine Bratwurst mit Brötchen.
Dazu einen Weißwein. Ich meine: ein Weißbier. Oder doch lieber Mineralwasser?

S-Laute [z], [s] und [ts]

Susi, sag' mal: „Saure Soße".
Esel essen Nesseln nicht, Nesseln essen Esel nicht.
Am zehnten zehnten zehn Uhr zehn zogen zehn zahme Ziegen zehn Zentner Zucker zum Zoo.

Aussprache emotional markieren

Ich rede. Du redest. Er redet ständig. Sie redet. Sie redet laut. Sie redet sehr laut. Wir reden.
Ihr redet auch. Sie reden. Alle reden. Wovon ? Von nichts. Es ist eine Party.

„Knacklaut" und h am Silbenanfang

Was macht ihr hier? Kommt ihr hier alle aus Halle? Und wem gehört der Hund?
Holger holt Olga abends ab. Sie hoffen, die Haustür ist noch offen. Bis elf helfe ich Hilde im Haushalt.

Konsonantenhäufungen: Zungenbrecher

Der Cottbuser Postkutscher putzt den Cottbuser Postkutschkasten.
Der Potsdamer Postkutscher putzt den Potsdamer Postkutschkasten.

Fischers Fritze fischt frische Fische –
frische Fische fischt Fischers Fritze.

Klaus Knopf liebt Knödel, Klöße, Klöpse.
Knödel, Klöße, Klöpse liebt Klaus Knopf.

Alphabetische Wörterliste

Die alphabetische Wörterliste enthält den Wortschatz von Einheit 1 bis Station 2 des Kurs- und Übungsbuchs. Zahlen, grammatische Begriffe sowie Namen von Personen, Städten und Ländern sind in der Liste nicht enthalten.

Wörter, die nicht zum Zertifikatswortschatz gehören, sind *kursiv* gedruckt. Sie müssen sie nicht unbedingt lernen.

Die Zahlen geben an, wo die Wörter zum ersten Mal vorkommen (z. B. 3/1.3 bedeutet Einheit 3, Block 1, Aufgabe 3 oder ü 6/1 bedeutet Übungsteil zur Einheit 6, Übung 1).

Ein • oder ein − unter dem Wort zeigt den Wortakzent:
a = kurzer Vokal
a = langer Vokal

Nach den Nomen finden Sie immer den Artikel und die Pluralform:
" = Umlaut im Plural
* = es gibt dieses Wort nur im Singular
, = es gibt auch keinen Artikel
Pl. = es gibt dieses Wort nur im Plural

Abkürzungen:
Abk. = Abkürzung
etw. = etwas
jdn = jemanden
jdm = jemandem
Akk. = Akkusativ
Dat. = Dativ

70er Jahre, die, *Pl.* 4/2.1

A

ab 3/2.2
abfahren, abgefahren 3/2.1a
abfragen 5/4.3b
abnehmen, abgenommen 5/4.3b
Abonnement, das, -s 6/1.1
abschließen, abgeschlossen ü 3/8b
Absender, der, - 5/2.1
absteigen, abgestiegen Stat.2/5
abtrocknen 4/2.5
Ach du Schande! 4/4.1b
Achtung! 5/2.6
Adresse, die, -n 2/4.1
After-Work-Party, die, -s 6/1.1
ägyptisch 5/1
ähnlich 1/1.3b
aktiv 4
aktualisieren Stat. 2/1.2
akzeptieren 2/3.3b
Albanisch Stat. 1/1.2
alkoholfrei 6/1.3
allein lassen, gelassen 4/1.2
Alleinerziehende, der/die, -n 2/3.1
Alles Gute! 2/4.1
Alltagsdeutsch, das, * ü 4/9b
als 1
Alternative, die, -n 3
Ameise, die, -n 3/4.3a
Amerikaner, der, - 6/3.6c
Amtssprache, die, -n Stat. 1/4
anders 5/4.3a
Anfang, der, "-e (am Anfang) 1/1.3b
Anfrage, die, -n 5/5.7
anfragen Stat. 1/1.2
angenehm ≠ unangenehm 5/2.1
Angestellte, der/die, -n Stat. 1/1.2
anhören 5/2.5c
Animateur/in, der/die, -e/ -nen ü 3/5a

anlangen (hier: ankommen) Stat. 2/5
anmelden (sich für etw.) 6/4.7a
Anmeldeformular, das, -e ü 3/7
ansprechen, angesprochen 6/4.5a
anstrengend Stat. 1/1.2
antik 5/5.7a
anwenden, angewendet oder angewandt Stat. 2/1.5
Anzahl, die, * Stat. 2/4.3
Apfelbaum, der, "-e Stat. 1/3.9
Apfeldiplom, das, -e Stat. 1/3.9
Apfelstrudel, der, - 6/2.2
Appetit, der, * 6/3.7
Arabisch, das, * 1/2.4
Arbeiter/in, der/die, -/-nen 4/1.2
ärgern (sich über etw./jdn) ü 2/7
Argument, das, -e 2/3.3c
Atomuhr, die, -en 1/3.3
attraktiv Stat. 2/3.3
aufbauen 4/1.2
aufdecken 6/3.5
Aufforderung, die, -en 3/3
aufkleben 5/2.1
aufnehmen, aufgenommen (auf Kassette) Stat. 1/4
aufpassen (auf jdn oder etw.) 2/3.1c
Auftrag, der, "-e Stat. 1/1.2
Augenfarbe, die, -n 6/4.6
Ausbildung, die, -en 1/1.3b
ausdenken (sich), ausgedacht 6/4.7a
ausdrucken 3/2.1b
ausdrücken 2
ausgeben, ausgegeben (Geld) ü 3/2
Ausgehtag, der, -e 6/1
ausländisch Stat. 1/1.2
Auslandssemester, das, - 1/1.3b
ausmachen ü 3/3
Ausruf, der, -e 4/4.3
Ausrüstung, die, -en Stat. 2/5
Aussage, die, -n 1/1.2b

aussagen 1/1.3a

ausschlafen, ausgeschlafen 4/2.1

ausschneiden, ausgeschnitten 5/3.2

äußern 3

aussprechen, *ausgesprochen* (jdm sein Beileid) 2/4.3

aussteigen, ausgestiegen 3/2.7

auswählen 3/2.3

auswendig (lernen) Stat. 2/5

auswerten 2/3.2a

ausziehen (1), ausgezogen 2/3.3b

ausziehen (2), ausgezogen 5/2.1

Auszug, der, "-e Stat. 1/1.4

Autoschlüssel, der, - 3/1.1

B

*Badekleidung, die, * ü 4/1*

Baguette, das, -s 6/2.2

BahnCard, die, -s 3/2.1b

Bahngleis, das, -e Stat. 2/5

Bahnsteig, der, -e Stat. 2/5

bar (zahlen) 3/2.1b

Bauer, der, -n Stat. 1/3.9

Bauernbrot, das, -e 6/2.2

Bauernsalat, der, -e 6/3.3

bedanken (sich) 2/4.3

Bedienungsanleitung, die, -en Stat. 1/1.2

beenden 6/3.5

Befehl, der, -e 5/3.2

begegnen Stat. 1/4

begeistert 1/1.3b

beglückwünschen (jdn) 2

Begründung, die, -en 1/3.5a

beherrschen ü 1/5

*Beileid, das, * 2/4.3*

beisammen sein 2/4.2

bekannt Stat. 1/1.2

benutzen 1/2.2

Berater/in, der/die, -/-nen 4/1.1

Beratung, die, -en 4/1.2

bereits 4/1.2

*Berufswahl, die, * Stat. 1/1.2*

Berufung, die, -en 2/3.1

beschäftigen (sich mit etw.) 4/2.1

beschließen, beschlossen 3/4.3a

besprechen, besprochen (etw. mit jdm) 5/2.4

bestehen (aus), bestanden 6/3.3

Besucher/in, der/die, -/-nen 4/1.2

bewerten Stat. 2/1.3

Beziehung, die, -en 2/2.1

Biergarten, der, "- 4/4.1b

*Bildung, die, * * Stat. 1/4

*Billard, das, * * 4/3.2

Biografie, die, -n 1

biografisch 1/1.6

Bis dann! 5/2.4

Bis gleich! 5/2.4

Bis nachher! 5/2.4

bisschen (ein bisschen) Stat. 2/4.2

Bitte entschuldigen Sie vielmals. Stat. 2/5

Bitte schön! 3/2.1b

Blauwal, der, -e ü 1/8

Blick, der, -e ü 3/3

Blume, die, -n 1/2.6

Blumenstrauß, der, "-e 2/2.7

Boden, der, "- 2/3.3a

Bratkartoffel, die, -n 6/2.2

Bratwurst, die, "-e 2/2.9

Bratwürstchen, das, - 6/2.4

BRD, die, * (Abk. für Bundesrepublik Deutschland) 5/5.6

Briefkasten, der, "- 5/2.1

Briefmarke, die, -n 4/1.3

Briefmarkensammlung, die, -en 5/5.6

Brite/Britin, der/die, -n/-nen ü 5/4

britisch 1/3.3

brutal Stat. 2/5

buchen 3

Buchung, die, -en 3/2.4

Bundesbürger/in, der/die, -/-nen 4/2.1

C

Catering, das, -s 6/3.1a

Chiffre, die, -n 5/5.6

Chor, der, „-e 4/1.3

chronologisch Stat. 2/3.4

Collage, die, -n 4/1.3

Computernutzer/in, der/die, -/-nen 5/3.1

contra ≠ pro Stat. 1/4

Cousin/Cousine, der/die, s/-n 2/1.3

D

da hinten 2/2.2

da vorn 2/2.2

dabei 3/4.3a

dahin 6/1.1

Dame, die, -n Stat. 2/5

Das gibt's doch gar nicht! 4/4.1b

Das hört sich gut an. 4/4.1b

Datei, die, -en 5/4.3b

Dauer, die, * 3/2.4

dauern 3/2.5

dauernd Stat.2/5

Daumen, der, - Stat.2/2.2

decken: Tisch decken 6/3.1a

*Denglish, das, * * Stat. 1/4

deshalb Stat. 2/1.2

Dessert, das, -s 6/2.2

deutsch 1/1.3b

deutschsprachig 5/5.1

Dialekt, der, -e 1/2.2

dick Stat. 1/2.1a

Dienst, der, -e 1/1.3b

Digitalkamera, die, -s 5/1

Digitaluhr, die, -en 1/3.3

diktieren Stat. 2/2.2

*Diplomatie, die, * Stat. 1/4

diplomatisch 1/1.3b

direkt 1/1.4

Direktflug, der, "-e 3/2.3

Diskussion, die, -en 6/4.5a

Dokument, das, -e 5/3.2

Dokumentation, die, -en ü 5/2b

dolmetschen Stat. 1/1.2

donnerstags 6/1.1

Doppelzimmer, das, - ü 3/3

Dorf, das, "-er 4/3.2

downloaden Stat. 1/4

drehen Stat. 1/4

Drehtag, der, -e Stat. 2/4.4

drucken 5/3.2

drücken ü 5/2a

Dusche, die, -n ü 3/5a

duschen 4/2.5

DVD, die, -s 4/2.1
DVD-Player, der, - ü 5/11

E

eben 2/3.3b
Echo, das, -s 6/2.6
Echt? (= Wirklich?) 4/4.1b
Ecke, die, -n Stat. 2/2.2
Ehe, die, -n Stat. 2/3.3
Ehepaar, das, -e Stat. 2/5
ehrlich 6/4.5a
eigene, eigene, eigene 1
eincremen 4/2.5
einfügen 5/3.2
eingeben, eingegeben ü 5/6
einige 1/1
einiges ü 1/5
Einkaufen, das, * 4/4.5
Einkaufszentrum, das, -zen-tren Stat. 2/4.5
Einladung, die, -en 2/4
einlegen ü 5/2a
einmal ü 1/1c
einsam ü 2/2b
Einsamkeit, die, * 2/3.1
einschalten ü 5/6
Einstellung, die, -en ü 1/5
einwerfen, eingeworfen 5/2.1
*Eisschwimmen, das, * * ü 4/1
Eisschwimmer/in, der/die, -/-nen ü 4/1
*Elektrizität, die, * * ü 3/10
elektronisch 4/2.1
Eltern, die, *Pl.* 2/1.4
E-Mail-Adresse, die, -n 5/2.6
emotional 4
Empfänger/in, der/die, -/-nen 5/3.2
endlich ü 4/5a
engagieren (jdn) 2/3.1
engagieren (sich) 4/3.1b
Enkel/in, der/die, -/-nen 2/2.2
Enkelkind, das, -er 2/1.1
entdecken Stat. 1/4
entfernt 1/3.5a
entgegengehen, entgegen-gegangen Stat. 2/5
Entschuldigung, die, -en 5/2.1

entspannen (sich) 4/2.1
entstellen Stat. 2/5
Er/Sie lebe hoch! 2/1.3
Erasmus-Student/in, der/die, -en/-nen 1/1.3b
Erde, die, * ü 1/8
erfahren, erfahren ü 1/5
Erfahrung, die, -en 4/2.1
Erfindung, die, -en 1/1.1a
Erfolg, der, -e 1/1.3b
erforderlich ü 1/5
erholen (sich) 4/4.1b
erinnern (jdn an etw.) 5/2.4
erinnern (sich) 1/1.1a
erkennen, erkannt 1
erlernen ü 1/5
ernst 6/4.5a
Erntezeit, die, -en Stat. 1/3.9
erstbeste Stat. 2/5
Erwachsene, der/die, -n 1/2.6b
Erzählen, das, * 1/1.6
Es geht so. 2/2.5a
Espresso, der, -/i 3/3.3
Essen, das, - 4/2.1
etc. (Abk. für et cetera = usw.) Stat. 2/1.5
europäisch 1/1.1b
Examen, das, - 1/1.3b
Existenzhilfe, die, -n 2/3.1
Exmann/Exfrau, der/die, "-er/-en 6/4.5a
Experte/Expertin, der/die, -n/-nen 6/4.5a
exportieren Stat. 2/4.1a
Exportland, das, "-er 1/1.1a
Extra, das, -s Stat. 2/4.3

F

Fachhochschule, die, -n 1/1.3b
Fahrer/in, der/die, -/-nen 4/1.1
Fahrkarte, die, -n 3/1.1
Fahrplan, der, "-e 3/2.6
Fahrschein, der, -e 3/2.3
Familienalbum, das, Pl.: Familienalben 2
Familienfest, das, -e 2
fantasiereich 1/1.3b
Farbdesign, das, -s Stat. 2/1.2

Fass, das, "-er 6/2.2
faszinieren (jdn) 1/1.1a
Favorit/in, der/die, -en 4/1.2
Fax, das, -e ü 5/2a
fehlen 2/1.1
Feierabend, der, -e Stat. 1/1.2
Fernsehen, das, * 1/3.5
Fest, das , -e ü 2/10
Feuer, das, - ü 3/10
Feuerwehr, die, -en 4/3.2
Figur, die, -en Stat. 2/2.4
Filmabschnitt, der, -e Stat. 1/3.1
Filmteam, das, -s Stat. 1/3.1
*Finnisch, das, * * ü 1/5
fischen 1/3.1
Fischpastete, die, -n Stat. 2/5
Fischstäbchen, das, - 6/2.2
fit halten, gehalten 2/3.1b
Flirt, der, -s 6/4.5a
Flohmarkt, der, "-e 5/5.8
Flug, der, "-e 3/2.2
Flugzeit, die, -en 3/2.2
formulieren Stat. 2/1.4
Forschung, die, -en 4/2
Forschungsinstitut, das, -e 4/2.1
Franken (Schweizer Franken), der, - ü 3/3
Frankfurter Würstchen, das, - 6/3.6b
französisch 1/3.3
frei haben (einen Wunsch) 1/3.5a
Freizeitgestaltung, die, -en Stat. 2/3.3
Freizeitmedium, das, Pl.: Freizeitmedien 4/2.1
Fremdsprache, die, -n 1/2.3
Freude, die, -n 2/3.1
früher 4/2.1
Frühjahrssemester, das, - ü 1/4
Funktion, die, -en ü 1/5
funktional Stat. 2/1.2
furchtbar 4/4.1b
Fußweg, der, -e 3/2.7

G

Gabel, die, -n 6/2.8
ganz 1/2.2
Garage, die, -n Stat. 2/5

Garantie, die, -n 5/5.4
Gast, der, "-e 6/3.2
gebraucht 5/5.1
Geburt, die, -en 2/4.1
Geburtstagskind, das, -er
Stat. 2/5
Geburtstagsparty, die, -s
2/4.1
Gedächtnisspiel, das, -e
Stat. 1/2.2
Gedanke, der, -n ü 1/1 [Text c]
Gefühl, das, -e 4/4.3b
gegen 2/3.3b
Gegensatz, der, "-e 3
Gegenwart, die, * Stat. 2/5
gehen (um etw. oder jdn),
gegangen 2/3.3b
Gehweg, der, -e ü 2/7
gemischt 6/2.2
genau 1/1.1a
Generation, die, -en 2/1.3
Genuesisch, das, * (Sprache)
1/2.2
genug 6/4.7
Gepard, der, -en ü 1/8
gerade (zur Zeit) 1/1.3b
gerade ≠ ungerade 1/3.5a
Gericht (1), das, -e 1/1.3b
Gericht (2), das, -e 6/2.2
Geruch, der, "-e 1/3.5a
Gesangsverein, der, -e 4/3.1b
Geschäftsidee, die, -n Stat. 1/1
Geschäftsreise, die, -n 3/1.2
Geschenk, das, -e 2/2.7
Geschichte, die, * 1/1.1a
geschieden (sein) 2/1.1
Geschirr spülen 6/3.1a
Geschlecht, das, -er 6/4.6
Geschwister, die, Pl. 2/2.5a
Gesellschaftstanz, der, "-e
ü 1/5
Gespritzte, der, 6/3.3
gestalten Stat. 2/1.1
gestreift ü 2/5a
gewinnen, gewonnen 4/4.3a
Gewissheit, die, -en Stat. 2/5
Giraffe, die, -n ü 1/8
Gitarre, die, -n 1/1.7a
Gleis, das, -e 3/2.6
Glückwunschlied, das, -er
2/4.2
Goldring, der, -e 5/5.6

Grafik, die, -en 2/3.2a
Grammophon, das, -e 5/1
gratulieren 2/4.3
Griechisch, das, * 1/2.6b
Grilltomate, die, -n 6/2.2
Großeltern, die, Pl. 2/2.1
Großelterndienst, der, -e 2/3.1
Großfamilie, die, -n 2/3.1a
Großhandelskaufmann/
-kauffrau, der/die, "-er/-en
ü 1/1
Großvater/-mutter, der/
die, "-/"- 2/1.3
gründen 4/3.1b
Grundkurs, der, -e ü 1/5
Grundlage, die, -n ü 1/5
Grußkarte, die, -n 2/4.1
gucken 6/1.3
Gurke, die, -n 6/2.2
gut erhalten 5/5.6
Gute Fahrt! 3/4

H

Haarfarbe, die, -n 6/4.6
Hälfte, die, -n 5/3.1
halten, gehalten 5/2.5c
Handballverein, der, -e 4/3.1b
Hard-Rock-Band, die, -s 4/1.3
harmonisch Stat. 2/3.3
Hauptschulabschluss, der, "-e
ü 1/1
Hausordnung, die, -en 2/3.3b
Haustier, das, -e 4/2.1
Haustür, die, -en Stat. 2/5
heben, gehoben 5/2.7
heim (= zu Hause) Stat. 2/5
Heimtrainer, der, - 5/5.6
heiraten 1/2.2
Herausforderung, die, -en
1/1.3b
herkommen, hergekommen
Stat. 1/2.2c
herrennen, hergerannt (vor
jdm) Stat. 2/5
Herzlichen Glückwunsch!
2/4.1
Herzliches Beileid! 2/4.1
hey 6/3.7
hin (und zurück) 3/2.1b
Hinfahrt, die, -en 3/2.3
hinten 2/1.1

hinterlassen, hinterlassen
ü 5/10b
Hochzeit, die, -en 2/4.1
Hof, der, "-e 2/3.3b
hoffen 2/3.5b
Holzstiege, die, -n Stat. 2/5
Hotelfachmann/-frau,
der/die, "-er/-en ü 6/5
Hotelfachschule, die, -n ü 6/5
Hundeschlitten, der, - ü 3/10
Hunger, der, * ü 6/8
Hut, der, "-e ü 2/5a

I

ich hätte gern ... 3/2.3
ich würde gern ... 6/1.3
Idee, die, -n Stat. 2/5
im Freien ü 1/5
Imbiss, der, -e Stat. 1/4
indonesisch ü 6/6
Informatiker/in, der/die,
-/-nen 5/3.3
informativ Stat. 2/1.3a
informieren 5/3.1
Innenstadt, die, "-e Stat. 2/4.5
insgesamt 4/1.2
Institutsleiter/in, der/die,
-/-nen Stat. 1/1.5a
intelligent Stat. 2/3.3
Intensivkurs, der, -e 1/1.3b
Interesse, das, -n 1/1.6
interessiert 2/3.3b
Internet-Browser, der, -
Stat. 2/1.1
Internetsurfer/in, der/die,
-/-nen Stat. 2/1.1
interviewen 1/1.6
inzwischen Stat. 2/5
irgendwie Stat. 2/5
irgendwo Stat. 2/5
Italiener/in, der/die,
-/-nen 1/1.3b
italienisch 1/2.2

J

Jahrhundert, das, -e 1/2.2
Jahrtausend, das, -e 4/2.1
japanisch 1/1.1a
Japanisch, das, * ü 1/6
Jazz, der, * 6/1.1

Joghurt, der *oder* das, -s 6/3.6b
Journalist/in, der/die, -en/ -nen 6/3.3
Jubiläum, das, Pl.: Jubiläen 2/4.3
Jura, * 1/1.1a

K

Kaffeehaus, das, "-er Stat. 2/2.2
Kameruner, der, - 6/3.6c
Kamm, der, "-e 3/1.1
kämpfen Stat. 1/4
Kaninchenzüchter/in, der/ die, -/-nen 4/3.1b
Karat, das, -(e) 5/5.6
kariert 2/2.8b
Karten spielen 6/1.1
Kartoffelkrokette, die, -n 6/2.2
Kartoffelsalat, der, -e 6/2.2
Käse-Fondue, das, -s 6/3.6b
Kassenzettel, der, - 5/5.4
Katastrophe, die, -n 4/4.1b
Katze, die, -n Stat. 2/5
Käufer/in, der/die, -/-nen 5/3.1
Kennenlernen, das, * 6
Kichererbse, die, -n 1/3.5a
Kilometer, der, - 4/1.2
Kinderbetreuung, die, * 2/3.1a
Kinderlärm, der, * 2/3.3b
kinderlieb Stat. 2/3.3
Kinderwagen, der, - 2/3.3b
Kindheit, die, * Stat. 1/4
Klang, der, "-e 1/3.5a
klappen Stat. 2/5
klarkommen *(mit jdm), klar-gekommen* 2/3.3b
Klasse (2. Klasse bei der Bahn), die, * 3/2.1b
klatschen Stat. 2/5
Klavier, das, -e 4/1.3
Kleinfamilie, die, -n ü 2/9
Kleingruppe, die, -n ü 1/5
Klimaanlage, die, -n ü 3/5a
klingen, geklungen Stat. 1/4
Kloß, der, "-e 6/2.2
klug, klüger, am klügsten Stat. 2/3.3
Knoblauch, der, * 6/3.6b

Koch/Köchin, der/die, "-e/ -en 6/3.2
Kochbuch, das, "-er 5/5.2
koffeinfrei 3/3.3
Kombination, die, -en Stat. 1/2.1b
kombinieren ü 5/1
komisch ü 1/5
Komma, das, *Pl.:* Kommata 6/3.4
Kommentar, der, -e Stat. 1/4
Kommunikationsexperte/ -expertin, der/die, -n/-nen Stat. 1/1.2
komplex 1/1.3b
Konferenz, die, -en 3/1.2
König, der, -e 1/2.2
Kontaktanzeige, die, -n Stat. 2/3.3
Kontaktbörse, die, -n 6/4.5a
konzentrieren (sich) Stat. 1/1.2
Kooperationspartner/in, der/ die, -/-nen 1/1.1a
Kopfhörer, *Pl.* 5/4.3b
Kopie, die, -n (Kopien machen) Stat. 1/3.2
kopieren ü 3/8a
Koreanisch, das, * ü 1/6
körperlich Stat. 1/4
korrigieren 1/1.4
Kosmetikfirma, die, Pl.: Kosmetikfirmen 1/1.1a
Krakauer, die, - 6/3.6c
kreativ Stat. 2/1.2
Kreditkarte, die, -n 3/1.1
Kreditkartennummer, die, -n 5/3.1
Krimi, der, -s ü 5/2.b
Kritik, die, * 2/3.3c
Küchenhilfe, die, -n 6/3.2
Kuckuck, der, -e 5/5.4
Kuckucksuhr, die, -en 1/3.3
Kulturverein, der, -e ü 4/9b
Kundenkarte, die, -n 3/1.1
Kunst, die, * *oder:* Künste 5/5.1

L

Langeweile, die, * 2/3.1
Lärm, der, * 2/3.3b
lassen (etw. tun lassen), lassen Stat. 2/5

Latein, das, * 1/2.6b
Latte Macchiato, der, - 3/3.3
Laufdiktat, das, -e Stat. 2/2.2
Läufer/-in, der/die, -/-nen 4/1.2
Laufvogel, der, "- ü 1/8
Laut, der, -e 2/2.9
Lebenspartner/in, der/die, -/-nen 6/4.5a
ledig 2/1.4
leer 5/3.2
Legende, die, -n Stat. 2/5
Leiter/in, der/die, -/-nen 4/2.1
Lerner/in, der/die, -/-nen Stat. 1/4
Lernhilfe, die, -n Stat. 1/4
Lettisch, das, * Stat. 1/1.2
letzte 2/1.1
Link, der, -s Stat. 2/1.1
Lippenstift, der, -e 3/1.1
Literatur, die, -en 1/1.1a
Literaturnobelpreis, der, -e Stat. 2/4.1b
LKW-Fahrer/in, der/die, -/-nen 4/1.1
loben Stat. 2/5
Löffel, der, - 6/2.8
logisch 6/3.7
Lokal, das, -e 6/3.7
Lokomotive, die, -n Stat. 2/5
löschen 5/4.3b
Lust, die, * 5/2.4
lustig 1/3.5a

M

Magazin, das, -e Stat. 1/4
Magister, der, * *(akad. Titel)* Stat. 1/1.2
Magisterarbeit, die, -en Stat. 1/1.2
Mailbox, die, -en ü 1/5
mailen Stat. 1/4
Majonäse, die, -n 6/2.2
Mal, das, -e 4/1.2
malen 4/3.3
manche 2/3.3b
Mandel, die, -n Stat. 2/4.1a
Mann! *(Ausruf)* 4/4.1a
männlich Stat. 1/2.3b
Marathon, der, -s 4/1.1

Marktplatz, der, "-e
5/5.1

Marzipan, das, -e
Stat. 2/4.1a

Maulwurf, der, "-e 3/4.3a

Mausklick, der, -s 6/4.5a

meckern Ü 2/7

Mediengestalter/in, der/die,
-/-nen Stat. 2/1.1

Medium, das, *Pl.:* Medien
Ü 4/5

Mehl, das, -e, *auch: Mehl-*
sorten 6/3.6a

mehrsprachig Stat. 1/4

Mehrsprachigkeit, die, *
1/1.6

Meinung, die, -en 1/2.3

Meise, die, -n 3/4.3a

Menüwahl, die, * 6/3.1a

merken (sich) Stat. 1/2.2a

Messe, die, -n 3/1.2

Messeausweis, der, -e 3/1.1

Messer, das, - 6/2.8

Metall, das, -e 1/2.6

Miete, die, -n 2/3.3b

Mieter/in, der/die, -/-nen
2/3.3a

mindestens 4/3.2

Minibar, die, -s Ü 3/5a

Mist! 4/4.3a

mitbringen, mitgebracht
3/3.2

mitnehmen, mitgenommen
3/1.4

mitsprechen, mitge-
sprochen 2/1.3

Mitte, die, * *(in der Mitte)*
2/1.1

Mitteilung, die, -en 5

Mobilität, die, * 3

möglich Stat. 1/2.2

motivieren 1/1.3b

Motorrad, das, "-er
4/1.3

MP3-Player, der, - 5/1

muhen Stat. 2/5

Multimedia, das, -
Stat. 2/1.1

Muss, das, * 1/2.3

Mutter, die, "- 2/1.3

Mythos, der, *Pl.:* Mythen
Stat. 2/5

N

na 4/4.1b

nachdem Stat. 2/5

nachdenken, nachgedacht
Ü 5/10

Nachfrage, die, -n 5/4

Nachricht, die, -en 3/3.1a

Nacht, die, "-e Ü 3/7

Nacktmull, der, -s Ü 1/8

nämlich Ü 6/10

Naturschützer/in, der/die,
-/-nen 4/3.1b

Nebel, der, - Stat. 2/5

Nebelkuh, die, "-e Stat. 2/5

Nebelmeer, das, -e Stat. 2/5

negativ 4

Netz, das, * *(Internet)* 5/3.1

Neubau, der, *Pl.:* Neubauten
3/4.1b

Nichtschwimmer/in,
der/die, -/-nen Ü 1/5

Nichtstun, das, * Ü 4/4

niemand Ü 1/8

nigerianisch 1/1.4

normal 1/2.2

Normaltarif, der, -e 3/2.3

Notebook, das, -s 3/1.1

nummerieren Ü 5/2.a

Nuss, die, "-e 6/3.6a

nutzen 5/1.1

Nutzer/in, der/die, -/-nen
5/3.1

nützlich 1/2.4

O

ob 3/4.3a

Ober, der, - 6/3.3

Obstanbaugebiet, das, -e
Stat. 1/3.9

Obstbauer, der, -n Stat. 1/3.9

offen *(sein für etw.)* Ü 4/9b

öffnen 5/3.2

oh 4/2.4

Oktoberfest, das, * Ü 6/8

Olive, die, -n Stat. 2/4.3

Oma, die, -s 2/2.1

Onkel, der, - 2/1.3

Opa, der, -s 2/2.2

Opel, der, - *(Automarke)* 5/5.7a

orientieren (sich) Stat. 2/1.2

österreichisch 6/2.7

out (sein) 4/2.1

P

Panik, die, * Stat. 2/5

Partnerprofil, das, -e 6/4.6

Partnersuche, die, * 6/4.5a

passend Ü 1/4

Passwort, das, "-er 5/2.3

PC, der, -s 5/5.7a

PDA, der *(Persönlicher Digi-*
taler Assistent) 5/1

Peperoni, die, *Pl.* Stat. 2/4.3

per 6/4.5a

perfekt 4/4

persönlich 5

pfeifen, gepfiffen 1/3.1

Plakat, das, -e 2/3.1

Plastik, das, * Ü 5/10

Platte, die, -n 6/2.2

Platzkarte, die, -n 3/2.7

Plus, das, * 1/2.3

Politik, die, * 1/1.3b

politisch 4/3.1b

Pool, der, -s Ü 3/5a

Pop, der, * Ü 5/10

populär 1/2.7

Portemonnaie, das, -s 3/1.1

Portugiese/Portugiesin,
der/die, -n/-nen 1/2.2

Portugiesisch, das, * 1/2.2

positiv 4

Post, die, * 5/2.1

Praktikum, das, *Pl.:* Prak-
tika 1/1.3b

praktisch 5/3.3

Präsident/in, der/die, -en/
-nen 1/2.3

Priorität, die, -en 2/3.2a

pro (2) ≠ *contra* Stat. 1/4

problematisch 2/3.2a

Programm, das, -e Ü 5/1

Prüfung, die, -en 2/4.3

psychiatrisch Stat. 2/5

pusten 1/3.1

Putenbruststreifen, der, - 6/2.2

putzen 4/4.1a

Quadratkilometer, der, -
Stat. 2/4.5

Quintett, das, -e Ü 6/1b

Quizshow, die, -s 3/3.3

R

Radiosender, der, - Ü 5/1
Radrennen, das, - 4/3.2
rammen Stat. 2/5
rasieren 4/2.5
Rätsel, das, - 1/2.2
reagieren (auf etw.) 4
Reaktion, die, -en 4/4.1b
realistisch 6/4.5a
Recherche, die, -n Stat. 2/1.1
recherchieren 3/2.1c
rechte Stat. 2/2.2
Rechtschreibung, die , * 5/3.2
reden 4/3.4
regelmäßig 4/1.2
Regionalzug, der, "-e 3/2.6
Reihenfolge, die, -n 6/4.2b
Reiseangebot, das, -e 5/3.1
Reisebüro, das, -s 3/2.2
Reiseführer, der, - 3/1.1
reisen 1/1.1a
Reisepass, der, "-e 3/1.1
Reiseplan, der, "-e 3/2.5
reiten, geritten 4/1.1
Reitturnier, das, -e 4/3.2
Reitverein, der, -e 4/3.2
Reklamation, die, -en 5/5.4
reklamieren 5
Rekord, der, -e 1/3
renovieren 4/3.1a
Rentner/in, der/die, -/-nen
Stat. 2/5
Reportage, die, -n Stat. 2/4.2
Reservierung, die, -en 3/2.3
Restaurantfachfrau, die, -en
6/3.1
Restaurantkritiker/in,
der/die, -/-nen 6/3.3
Rhabarbermarmelade, die, -n
1/3.5a
rhythmisch 2/1.3
Rindfleisch, das, * 6/2.4
Rindsroulade, die, -n 6/2.2
Rock, der, * (Rockmusik)
1/2.6a
Rollen, das, * Stat. 2/2.3a
Roman, der, -e Stat. 2/4.1b
romantisch Stat. 2/3.3
Rotkraut, das, * 6/2.2
Rotwein, der, -e 6/2.2
Rückantwort, die, -en 5/2.6

Rückflug, der, "-e 3/2.3
Rückruf, der, -e Ü 1/5
Rucolasalat, der, * Ü 6/6
Rumpsteak, das, -s 6/2.2
rund um (etw.) 6/3
rundlich Stat. 2/3.3

S

Saft, der, "-e 6/2.2
Sahnehaube, die, -n 6/2.2
Salami, die, -s Stat. 2/4.3
Salatteller, der, - 6/2.2
Salsa, die, * 4/1.3
salzig 6/2.8
sammeln 4/1.3
Sammlerstück, das, -e Ü 6/10
Sammlung, die, -en Stat. 2/5
Sardelle, die, -n Stat. 2/4.3
Sauna, die, Pl.: Saunen 4/2.1
S-Bahn-Impression, die, -en
3/4.1
Schallplatte, die, -n 5/1
Schallplattenspieler, der, -
Ü 5/1
scharf, schärfer, am schärfsten
Stat. 2/4.3
Schatz, der, * (Kosename)
5/2.4
schauen 3/4.2
Schauspieler/in, der/die,
-/-nen 6/3.1a
Schema, das, Pl.: Schemata
4/2.8a
schenken 2/2.7
schicken 1/3.5
Schiff, das, -e 1/2.2
schlank Stat. 1/2.4
Schlitten, der, - Stat. 2/2.1
Schluss, der, * 2/3.3b
schminken 4/2.5
Schmuck, der, * 5/5.1
Schnäppchen, das, - 5/5.1
Schnäppchenjagd, die, -en 5/5
Schneeschuh, der, -e 6/2.7
schneiden, geschnitten 4/4.3a
schriftlich 2/4.3
Schriftzeichen, das, - 5/1
Schritt, der, -e Ü 1/5
Schrittkombination, die, -en
Ü 1/5
Schulbildung, die, * Stat. 1/4

Schulfach, das, "-er 1/1.6
Schuster, der, - Stat. 1/4
Schwester, die, -n 2/1.1
Schwiegereltern, die, Pl.
2/2.2
Schwiegersohn, -tochter,
der/die, "-e/"- 2/2.2
schwierig 3/4.3a
segeln 1/2.2
Sekunde, die, -n 4/1.2
Selbstevaluation, die, -en
Stat. 1/2.3
selbstständig Stat. 1/1
Selbsttest, der, -s 1/2.7
selten 5/1.1
Sendung, die, -en Ü 5/1
sensibel, sensibler, am sensi-
belsten Stat. 2/3.3
servieren 6/3.1a
Serviette, die, -n Ü 6/4
Shrimp, der, -s 6/2.7
Sieger/-in, der/die, -/-nen
4/1.2
Silberhochzeit, die, -en Ü 2/11
singen, gesungen 2/4.2
Single, der, -s 2/1.4
Sitzplatz, der, "-e 3/2.7
Skandal, der, -e 6/3.5
Skandinavien, *, * Ü 6/10
skandinavisch Stat. 1/4
Skat, der, -e oder -s 6/1.1
skaten 4/2.1
Ski, der, -er Stat. 2/5
Skischule, die, -n 6/2.7
Skispringen, das, * Stat. 2/2.1
SMS, die, - oder -e 5/2.4
Snack, der, -s Ü 6/6
So ein Pech! 4/4.1b
so lange Stat. 2/2.2
so wie 1/3.2b
sofort 3/3.3
Software, die, * 4/1.1
sollen 3
Sommerregen, der, * 1/3.5a
Sonnenbrille, die, -n 3/1.1
Sonnenschein, der, * 2/4.2
sowie 3
sparen 4/2.1
Spaßfaktor, der, -en 2/3.1
Speed-dating, das, -s 6/4.7
speichern 5/3.2
Speisekarte, die, -n 6

Spezialität, die, -en 6/2.2
spielen 1/1.7a
Spielzeug, das, -e 5/5.2
Spinne, die, -n 4/4.3a
spontan 4/2.3
Sportart, die, -en Stat. 2/1.5
Sportartikel, der, - 5/3.1
Sportprogramm, das, -e
2/3.1a
Sportverein, der, -e 4/3.2
Sprachinstitut, das, -e 1/1
Sprachverein, der, -e ü 4/8b
Sprichwort, das, "-er Stat. 1/4
spülen (Geschirr) 6/3.1a
staatlich 1/1.1a
stammeln Stat. 2/5
Stammtisch, der, -e 6/1.1
Standesamt, das, "-er 2/4.1
ständig 4/4.2
statt 6/2.5
stecken (in etw.) 5/2.1
Stein, der, -e Stat. 2/2.3a
stellen (2) ü 3/7
Sternschnuppe, die, -n 1/3.5a
Stillstand, der, * 3/4.1b
Stimmung, die, -en Stat. 2/5
stören 2/3.3b
strahlen 2/4.2
Strategie, die, -n Stat. 2/1.4
Streckenrekord, der, -e 4/1.2
Streichholz, das, "-er
1/3.1 (b)
Streifen, der, - 6/2.2
Streit, der, -s 2/3.3b
stressig 4/2.1
Studium, das, Pl.: Studien-
gänge 1/1.
stürmen 2/4.2
Suchmaschine, die, -n
Stat. 2/1.1
Sumpf, der, "-e Stat. 2/5
surfen 4/2.8b
Süßigkeit, die, -en Stat. 2/4.1a
Süßstoff, der, * 3/3.3
Symbol, das, -e 5/3.2
sympathisch Stat. 2/3.3

T

Tante, die, -n 2/1.3
Tanzkurs, der, -e ü 1/4
Tanzschule, die, -n 4/3.1b

Tarif, der, -e 3/2.3
Team, das, -s 6/3.1a
Technik, die, -en 1/1.1a
technisch 1/1.1a
Teddy, der, -s 3/1.1
Teller, der, - 6/2.2
Tennis, das, * Stat. 2/3.3
Tennisplatz, der, "-e ü 3/5a
Tennisverein, der, -e 4/3.1b
testen 4/1.2
Thunfisch, der, -e Stat. 2/4.3
Ticket, das, -s 3/2.7
Tierarzt/Tierärztin, der/
die, Pl.: Tierärzte/Tier-
ärztinnen 5/5.4
Tierschutzverein, der, -e
4/3.1a
tippen Stat. 1/1.2
Tisch decken 6/3.1a
Toast Hawaii, der, Pl.: Toasts
Hawaii 6/2.2
Toast, der, -s 6/2.2
tolerant Stat. 2/3.3
Ton, der, "-e 1/3.1 (c)
Toncollage, die, -n 4/1.3
tönen Stat. 2/5
tot Stat. 2/5
traditionell Stat. 1/4
tragisch Stat. 2/5
Träne, die, -n 2/4.2
Traumprinz/-prinzessin, der/
die, -en/-nen 6/4.5a
treffen, getroffen 4/2.1
Treffpunkt, der, -e ü 1/5
Trend, der, -s 4/2.1
Treppe, die, -n 2/3.3a
trotzdem Stat. 2/5
tschechisch 6/2.7
Tschechisch, das, * 4/4.4
türkisch 6/3.6a
Türkisch, das, * Stat. 2/3.1
Turnverein, der, -e 4/3.2

U

überall Stat. 1/4
überbacken, überbacken 6/2.2
überfahren, überfahren Stat. 2/5
überfliegen, überflogen
Stat. 2/1.4
Übernachtung, die, -en ü 3/7
überrascht 4

Übersetzer/in, der/die, -/-nen
Stat. 1/1
Übersetzung, die, -en Stat. 1/1.2
übersichtlich ≠ unübersicht-
lich Stat. 2/1.3a
übertreiben, übertrieben
5/2.6
Übung macht den Meister.
ü 5/4
umdrehen Stat. 2/5
Umfrage, die, -n 1/3.5b
Umgangssprache, die, -n 1/2.2
Umschlag, der, "-e 5/2.1
umschreiben, umgeschrieben
Stat. 2/5
umsteigen, umgestiegen
3/2.1b
umtauschen 5/5.4
umziehen (sich) 4/2.5
unaufhaltsam Stat. 2/5
unfreundlich ≠ freundlich
ü 6/7
ungesund ≠ gesund 4/2.8b
unglaublich 5/5.4
Universitätsdiplom, das, -e
1/1.3b
Unpünktlichkeit ≠ Pünktlich-
keit, die, * ü 4/6a
unterhalten (sich), unter-
halten 6/1.1
Unterricht, der, * 1/2.6b
unterschreiben, unter-
schrieben 4/2.3
Unterschrift, die, -en 4/2.3
unterstreichen, unter-
strichen 1/1.7a
urban Stat. 2/5
Urgroßeltern, die, Pl. 2/2.2
Urlaubsfoto, das, -s ü 6/10

V

Vanilleeis, das, - 6/2.2
variieren 5/5.2
vegetarisch 6/2.2
Venus, die, * (hier: für Frau)
Stat. 2/3.3
verabschieden 2/4.3
verbessern ü 1/4
Verbindung, die, -en 2/3.2a
verbringen, verbracht 4/3.2
Verein, der, -e 4/3

Vereinsheim, das, -e 4/3.1a

Vereinsleben, das, * 4/3.1b

Vergangenheit, die, * 3/4.4

Vergleich, der, -e 1/3.2

verlassen, verlassen 6/3.7

Vermieter/in, der/die,
-/-nen 2/3.3b

vermissen 2/4.2

Vermutung, die, -en 3

verreisen 3/1.1

verrückt 1/3.5a

verschenken ü 5/10

verstehen (sich mit jdm),
verstanden ü 1/4

Vertrag, der, "-e ü 5/10b

Verwandte, der/die, -n
3/1.2

Verwandtschaft, die, * 2/2

verzichten 3/4.3a

VHS, die, * (*Abk. für* Volkshochschule) ü 1/4

Videofilm, der, -e 5/3.1

Viel Glück! 2/4.1

Vielen Dank! 2/4.3

vielleicht 1/1.3b

Visitenkarte, die, -n 3/1.1

Vogel Strauß, der, -/-e
ü 1/8

Volksempfänger, der, -
ü 5/1

vor allem ü 6/5

*vorbeikommen, vorbeigekom-
men* Stat. 2/5

Vorbeikommen, das, * 4/1.2

vorbeilaufen, vorbeige-
laufen 5/2.1

vorbereiten ü 4/1

Vorbereitung, die, -en
Stat. 1/1.5a

vorhaben 3/4.4

Vorkenntnis, die, -se ü 1/5

vorlesen, vorgelesen
1/1.1b

vorn 2/1.1

Vorschlag, der, "-e 5/2.4

Vorspeise, die, -n Stat. 2/5

Vorteil, der, -e 1/2.3

VW-Käfer, der, - (Automarke)
5/5.6

W

wachsen, gewachsen ü 1/6

wählen 2/3.5b

wahrscheinlich 3

Wal, der, -e ü 1/8

Wald, der, "-er Stat. 2/5

Walhai, der, -e ü 1/8

Walking, das, * ü 1/5

Wanderfalke, der, -n ü 1/8

warum 1/3.5a

was so los ist 6/1.1

Web, das, * Stat.2/1.1

*Webdesigner/in, der/die,
-/-nen* Stat. 2/1

Webseite, die, -n ü 1/6

weiblich Stat. 1/2.3b

Weihnachtsfeier, die, -n
ü 4/9b

weil 1

weise 3/4.3a

Weißbier, das, -e 2/2.9

Weißwein, der, -e 6/2.2

Weißwurst, die, "-e 2/2.9

weitere 1/2.1

weiterkommen, weiterge-
kommen 1/1.7b

weiterleiten 5/4.3b

Wellness, die, * 4/2.1

Weltrekord, der, -e ü 5/4

Weltsprache, die, -n 1/2.4

weltweit 5/5.1

wenige 4

Werbeagentur, die, -en
Stat. 2/1.1

werfen, geworfen 5/2.2b

wertvoll 5/5.6

Wettbewerb, der, -e 1/3.5

wiederfinden, wiedergefunden ü 5/10b

Wiedersehen, das, - 2/4.3

Wiener Schnitzel, das, - 6/2.2

Wiener, die, - 6/3.6c

wieso 4/4.1b

*Winterschwimmer/in, der/
die, -/-nen* ü 4/1

Wirtschaft, die, * 1/1.1a

Wissenschaft, die, -en Stat.1 /4

*Wissenschaftler/in, der/die,
-/-nen* Stat. 1/2.4

witzig Stat. 2/5

wofür 2/3.1a

womit 4/3.4

worauf 6

woraus Stat. 2/1.5

Wörterbuchauszug, der, "-e
Stat. 1/1.4

wovon 4/4.2

wunderbar Stat.1/4

Wunsch, der, "-e 1/1.1a

Wut, die, * (vor Wut kochen)
Stat. 2/2.2

wütend 4/4.1a

Yoga, das, * 4/2.1

Yoruba, das, * (Sprache)
1/1.3b

Z

Zeile, die, -n Stat. 1/1.6

Zeitschrift, die, -en 5/3.1

Zentrale, die, n 1/1.1a

ziehen (nach), gezogen
1/1.3b

Zimmermädchen, das, - ü 6/5

Zitat, das, -e 1/2.3

zu dritt Stat. 1/1.5a

zufrieden 6/2.8

Zukunft, die, * 3/4.4

zum Beispiel (z. B.) 1/1.1a

zum Glück ü 4/7

Zungenbrecher, der, - 6/2.7

zurück 3/2.1b

zurückbekommen, zurückbekommen 5/5.5

zurückfahren, zurück-
gefahren ü 6/10

*zurückkommen, zurück-
gekommen* Stat. 1/3.8

zurücknehmen, zurück-
genommen 6/2.8

zusammen sein ü 2/2b

zusammenfassen Stat. 2/1.2

zusammenleben ü 2/2b

Zusammensein, das, * 4/3.1a

Zuschrift, die, -en 2/3.3b

zusehen, zugesehen Stat. 2/2.1

zuwinken Stat. 2/5

zwar ü 1/8

Liste der unregelmäßigen Verben

Die Liste enthält alle unregelmäßigen Verben von **studio d** **A1** und **studio d** **A2** / Teilband 1.
Die meisten trennbaren Verben finden Sie unter der Grundform.
Beispiele: mitbringen → bringen; abfahren → fahren

Infinitiv	Präsens	Perfekt
abhängen von *(+ Dat.)*	etwas hängt ab von	etwas hat abgehangen von
abschließen	sie schließt ab	sie hat abgeschlossen
absteigen	*er steigt ab*	*er ist abgestiegen*
anbraten	*sie brät das Fleisch an*	*sie hat das Fleisch angebraten*
anfangen	er fängt an	er hat angefangen
anziehen (sich)	sie zieht sich an	sie hat sich angezogen
aufstehen	er steht auf	er ist aufgestanden
aussteigen	sie steigt aus	sie ist ausgestiegen
backen	er bäckt *oder* er backt	er hat gebacken
beginnen	der Kurs beginnt	der Kurs hat begonnen
bekommen	sie bekommt etwas	sie hat etwas bekommen
beraten	er berät ihn	er hat ihn beraten
beschreiben	sie beschreibt etwas	sie hat etwas beschrieben
bitten (um etwas)	er bittet um etwas	er hat um etwas gebeten
bleiben	sie bleibt	sie ist geblieben
bringen	er bringt etwas	er hat etwas gebracht
denken	sie denkt	sie hat gedacht
durchstreichen	*er streicht etwas durch*	*er hat etwas durchgestrichen*
dürfen	sie darf	sie hat gedurft
einladen	er lädt sie ein	er hat sie eingeladen
einreiben	*sie reibt etwas ein*	*sie hat etwas eingerieben*
einsteigen	er steigt ein	er ist eingestiegen
eintragen	*sie trägt es ein*	*sie hat es eingetragen*
einwerfen	sie wirft etwas ein	sie hat etwas eingeworfen
entscheiden (sich)	er entscheidet sich	er hat sich entschieden
erfahren	*er erfährt etwas*	*er hat etwas erfahren*
erfinden	*sie erfindet etwas*	*sie hat etwas erfunden*
erkennen	sie erkennt jdn/etwas	sie hat jdn/etwas erkannt
essen	er isst	er hat gegessen
fahren	sie fährt	sie ist gefahren
fallen	er fällt	er ist gefallen
fernsehen	sie sieht fern	sie hat ferngesehen
finden	er findet etwas	er hat etwas gefunden
fliegen	sie fliegt	sie ist geflogen
geben	er gibt	er hat gegeben
gefallen (jdm)	es gefällt ihr	es hat ihr gefallen
gehen	er geht	er ist gegangen
gewinnen	sie gewinnt	sie hat gewonnen
halten	er hält	er hat gehalten
hängen	es hängt	es hat gehangen
heben	er hebt etwas	er hat etwas gehoben
heißen	sie heißt	sie hat geheißen
helfen	er hilft	er hat geholfen
kennen	sie kennt ihn	sie hat ihn gekannt

klingen	es klingt	es hat geklungen
kommen	er kommt	er ist gekommen
können	sie kann	sie hat gekonnt
lassen	er lässt es	er hat es gelassen
laufen	sie läuft	sie ist gelaufen
leid tun	es tut ihr leid	es hat ihr leid getan
lesen	er liest	er hat gelesen
liegen	es liegt	es hat gelegen
messen	*sie misst*	*sie hat gemessen*
mögen	er mag es	er hat es gemocht
müssen	sie muss	sie hat gemusst
nehmen	er nimmt	er hat genommen
nennen	sie nennt etwas	sie hat etwas genannt
pfeifen	er pfeift	er hat gepfiffen
raten	sie rät	sie hat geraten
reiten	er reitet	er ist geritten
rufen	er ruft	er hat gerufen
schlafen	sie schläft	sie hat geschlafen
schneiden	er schneidet	er hat geschnitten
schreiben	sie schreibt	sie hat geschrieben
schwimmen	er schwimmt	er ist geschwommen
sehen	sie sieht	sie hat gesehen
sein	er ist ...	er ist ... gewesen
singen	sie singt	sie hat gesungen
sitzen	er sitzt	er hat gesessen
sprechen	sie spricht	sie hat gesprochen
springen	er springt	er ist gesprungen
stattfinden	*es findet statt*	*es hat stattgefunden*
stehen	sie steht ...	sie hat gestanden
tragen	er trägt etwas	er hat etwas getragen
treffen	sie trifft ihn	sie hat ihn getroffen
trinken	er trinkt	er hat getrunken
tun	sie tut etwas	sie hat etwas getan
übergeben	*er übergibt etwas*	*er hat etwas übergeben*
übertreiben	sie übertreibt	sie hat übertrieben
umsteigen	er steigt um	er ist umgestiegen
unterhalten (sich)	sie unterhält sich	sie hat sich unterhalten
unterstreichen	er unterstreicht es	er hat es unterstrichen
verbinden	sie verbindet es	sie hat es verbunden
verbringen	er verbringt	er hat verbracht
vergessen	sie vergisst es	sie hat es vergessen
vergleichen	er vergleicht	er hat verglichen
verlassen	sie verlässt jdn/etwas	sie hat jdn/etwas verlassen
verlieren	er verliert	er hat verloren
verschreiben	*sie verschreibt etwas*	*sie hat etwas verschrieben*
verstehen	er versteht	er hat verstanden
vorschlagen	sie schlägt etwas vor	sie hat etwas vorgeschlagen
wachsen	es wächst	es ist gewachsen
waschen	sie wäscht	sie hat gewaschen
wehtun	es tut weh	es hat wehgetan
wissen	er weiß	er hat gewusst

Liste der Verben mit Präpositionen

Die Liste enthält alle Verben mit festen Präpositionen von **studio d A1** und **studio d A2** /
Teilband 1.

Akkusativ

achten	auf	Bitte achten Sie auf den Verkehr.
anmelden (sich)	für	Du musst dich morgen für den Kurs anmelden.
antworten	auf	Bitte antworten Sie auf meine Frage.
ärgern (sich)	über	Manchmal ärgere ich mich über dich.
aufpassen	auf	Lars muss heute auf seinen kleinen Bruder aufpassen.
bitten	um	Sophie bittet ihre Freundin um einen Tipp.
diskutieren	über	Sie diskutieren immer über das gleiche Problem.
entschuldigen (sich)	für	Pedro entschuldigt sich für seinen Fehler.
erinnern (sich)	an	Ich kann mich nicht an den Film erinnern.
freuen (sich)	über	Franziska freut sich über ihren Erfolg.
freuen (sich)	auf	Die Kinder freuen sich auf Weihnachten.
informieren (sich)	über	Ich möchte mich über den Kurs informieren.
reagieren	auf	Wir müssen schnell auf seine Frage reagieren.
sprechen	über	Katrin und Jan sprechen über ihre Zukunft.
vorbereiten (sich)	auf	Wir müssen uns auf den Test vorbereiten!
warten	auf	Fabian wartet auf seinen Vater.

Dativ

beschäftigen (sich)	mit	Wir beschäftigen uns heute mit dem Thema „Medien".
besprechen	mit	Georg bespricht das Problem mit seiner Frau.
fragen	nach	Der Tourist fragt nach dem Weg.
gehören	zu	Das Saarland gehört zur Euregio SaarLorLux.
gratulieren	zu	Wir gratulieren dir zu deinem neuen Job!
passen	zu	Die grüne Hose passt nicht zum rosa Hemd!
treffen (sich)	mit	Heute treffen wir uns mit guten Freunden.
verabreden (sich)	mit	Wann verabreden wir uns endlich mit deinem Freund?
verstehen (sich)	mit	Verstehst du dich gut mit deinen Kollegen?

Hörtexte

Hier finden Sie alle Hörtexte, die nicht oder nicht komplett in den Einheiten und Übungen abgedruckt sind.

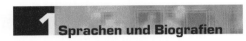

1 4

Interview Gabriella

+ Hallo, kannst du dich kurz vorstellen, bitte?
– Hallo, ich heiße Gabriella Calderari und ich komme aus Italien.
+ Und woher genau?
– Ich bin in Palermo geboren, aber ich habe auch in Udine und in Bologna gewohnt, wo ich studiert habe.
+ Was hast du denn studiert?
– Jura.
+ Und warum lernst du Deutsch?
– Ich lerne Deutsch, weil mein Freund Deutscher ist. Ich habe ihn in Spanien kennen gelernt, als ich ein Austauschprogramm gemacht habe.
+ Mhm, seit wann und wo lernst du Deutsch?
– Ich lerne Deutsch seit zwei Jahren, und ich habe am Anfang einen Kurs in Bologna besucht an der Universität, und dann habe ich in München zwei intensive Kurse gemacht am Sprachen- und Dolmetscherinstitut.
+ Mhm. Was findest du schön an der deutschen Sprache?
– Die Sprache hat mir immer gefallen und ich finde sie fantasiereich, und Deutsch lernen ist für mich eine Herausforderung.
+ Was ist für dich schwer an Deutsch?
– Deutsch ist eine schwere Sprache, aber man hat auch Erfolg und das ist ein herrliches Gefühl.
+ Was gefällt dir an Deutschland?
– Mir gefällt die moralische Offenheit und dass die Leute direkt sind.
+ Vermisst du etwas hier?
– Ja, ich vermisse die Sonne und die Spontaneität der Leute.

Interview Rebecca

+ Kannst du dich kurz vorstellen?
– Ich heiße Rebecca Akindutire. Ich komme aus Nigeria, im Westen von Afrika.
+ Welche Sprachen sprichst du, Rebecca?
– Ich spreche Yoruba als Muttersprache. Ich spreche Englisch als meine zweite Sprache. Ich spreche Französisch als meine erste Fremdsprache, ich spreche Deutsch als meine zweite Fremdsprache. Und ein bisschen Italienisch spreche ich auch.
+ Ok. Äh – warum hast du Deutsch gelernt? Was waren die Gründe?
– Aus beruflichen Gründen habe ich Deutsch studiert. Ich hab' an der Fachhochschule eine Ausbildung gemacht als Sekretärin.
+ Was findest du gut an der deutschen Sprache?
– Die Grammatik hat mir gut gefallen.
+ Hmh. Und was war schwer für dich?
– Die Wortschatz habe ich schwierig gefunden.

+ Was gefällt dir jetzt an Deutschland?
– Ich finde die Leute in Deutschland nett und hilfsbereit und Deutschland ist sehr schön.

2 5

b)

a das Radio, b die Kamera, c die Kassette, d die Zigarette, e intelligent, f die Universität, g traditionell, h die Politik, i interessant

Ü 1

b) und **c)**

Interview a

Ich lerne Deutsch, weil ich eine Deutsche liebe. Meine Freundin Marina lebt hier und spricht sehr gut Spanisch, aber ich möchte sie besser verstehen. Ich möchte wissen, was sie denkt und fühlt. Ich muss unbedingt besser Deutsch lernen. Jetzt mache ich einen Sprachkurs im Goethe-Institut. Einmal möchte ich auch für ein Jahr in Deutschland leben. Das ist wichtig, weil ich dann die Kultur von Marina wirklich verstehe.

Interview b

Ich bin mit meiner Familie vor fünf Jahren nach Deutschland gekommen. In Omsk haben wir fast nur Russisch gesprochen. Deshalb konnte ich am Anfang nur ganz wenig Deutsch. Ja, das war sehr schwer. Ich hatte einen deutschen Pass, aber mein Deutsch war nur sehr schlecht. Ich habe mich oft bei einer Firma vorgestellt, aber ohne Deutsch habe ich keine Arbeit bekommen. Ich war ein Jahr arbeitslos und meine Kinder hatten viele Probleme in der Schule. Meine Familie und ich, wir haben dann einen Kurs in der Volkshochschule gemacht. Danach war es besser. Maria hat jetzt eine Arbeit in einem Büro. Boris hat noch keine Arbeit, aber er macht einen Kurs bei der Arbeitsagentur. Ich arbeite als Elektriker bei der Stadt. Meine Frau ist Hausfrau.

Interview c

Ich bin schon 25 Jahre in Deutschland. Mein Mann Cem und ich haben ein Obstgeschäft in Mannheim. Am Anfang habe ich kein Wort Deutsch gesprochen. Ich habe dann einen Deutschkurs in der Volkshochschule gemacht. Das war sehr gut. Von meinen Kindern habe ich auch sehr viel gelernt. Sie sind in Deutschland geboren und können perfekt Deutsch. Manchmal haben sie mit mir nur Deutsch gesprochen. Hazal und Mehmet sind jetzt schon groß. Ich bin stolz auf meine Kinder. Hazal ist Ärztin und Mehmet macht eine Ausbildung. Ich arbeite jeden Tag im Geschäft.

2 Familienbaum

1 🔲2

1. Das ist die Hochzeit von Kerstin und Holger. Kerstin war in ihrem weißen Brautkleid eine sehr schöne Braut. Wir haben die Hochzeit auf der Wartburg bei Eisenach gefeiert.
2. Das Foto ist ganz alt. Das ist mein Großvater, der Vater von meinem Vater. Opa war Kaufmann. Auf dem Foto steht er hinter dem Ladentisch in seinem Lebensmittelgeschäft.
3. Das ist ein Foto vom 80. Geburtstag von Onkel Hans. Er ist der Bruder von meiner Mutter. Onkel Hans und Tante Erna, seine Frau, sitzen links. Rechts, das sind meine Cousine Karin und ihr Mann Wilfried.
4. Das ist ein Foto von meinem Vater auf seinem alten Motorrad. Motorradfahren ist bis heute sein Hobby.

Ü 1

Meine Familie ist nicht so groß. Ich selbst habe noch einen Bruder und eine Schwester. Mein Bruder heißt Lars und meine Schwester Edith. Mein Vater Herbert lebt nicht mehr, meine Mutter Ruth ist schon achtzig, aber noch sehr fit. Martin, mein Mann, ist 57. Wir haben zwei Kinder: Paula, unsere Tochter, studiert noch. Unser Sohn Bernd arbeitet zur Zeit als Arzt in Kamerun.

Ü 2

Interview 1

+ Diana, du bist 35 Jahre alt und lebst allein.
− Ja, ich habe mich vor zwei Jahren von meinem Freund getrennt und bin aus unserer Wohnung ausgezogen. Meine Freundin wollte, dass ich mit ihr zusammenziehe, aber ich will allein wohnen. Im Moment genieße ich meine Freiheit.
+ Bist du manchmal einsam?
− Nein! Single sein heißt ja nicht, dass ich einsam bin. Ich habe viele Freunde und unternehme viel mit ihnen. Nur die Sonntage ... da haben viele keine Zeit, weil sie mit ihren Partnern zusammen sein wollen. Das ist manchmal etwas schwierig.

Interview 2

+ Sebastian und Niklas, ihr seid ein Paar und wohnt seit etwa einem Jahr zusammen in einer Wohnung. Warum seid ihr zusammengezogen?
− Wir wollten uns einfach öfter sehen. Vorher haben wir uns immer gegenseitig besucht. Das war aber nicht so praktisch.
+ Als Männerpaar, habt ihr da Probleme mit den Nachbarn?
○ Die meisten wissen nicht, dass wir ein Paar sind. Warum auch?
− Ja, die meisten Nachbarn denken, dass wir in einer Wohngemeinschaft zusammenleben, weil das billiger ist.
○ Für unsere Eltern war es am Anfang ein Schock. Aber jetzt finden sie es ganz normal.

Interview 3

+ Renate und Werner, Ihr habt spät geheiratet.
− Ja, wir kennen uns schon seit der Schule. Dann haben wir erst mal lange studiert.
○ Wir wollten noch nicht so früh Kinder haben. Nach dem Studium haben wir beide gearbeitet und viele Reisen gemacht. Mit 38 hat Renate unsere Tochter bekommen. Dann haben wir geheiratet. Unsere Tochter kommt nach den Sommerferien aufs Gymnasium.
+ Arbeitet Ihr beide?
− Ja. Nach der Geburt bin ich die ersten beiden Jahre zu Hause geblieben. Dann haben wir einen Kindergarten für Lucie gefunden und ich habe wieder angefangen zu arbeiten.
○ Lucie ist ein sehr lebhaftes Kind. Das hält jung!

Ü 5

b)

+ Schau mal, hier habe ich das Foto von dem Essen bei Sabrina!
− Ist Sabrina die Frau mit dem grünen Top?
+ Ja, das ist Sabrina.
− Und wer ist die Frau im weißen T-Shirt neben Sabrina?
+ Das ist Alina, die Freundin von Erik. Erik ist der Mann hinten im dunkelblauen Hemd.
− Und wer ist der Typ mit dem gestreiften Hemd?
+ Das ist Marcel, der frühere Freund von Nicole. Nicole ist die Frau mit dem roten T-Shirt. Marcel mag den neuen Freund von Nicole nicht, Jan. Jan ist der Mann mit den blauen Jeans. Man kann sein Gesicht nicht sehen.
− Und wer ist das vorne links?
+ Das ist Sven, der Freund von Hannah. Das ist die mit dem grauen Top.
− Und wer ist die Frau mit dem blauen Top?
+ Das ist Britta. Ich finde sie sehr nett!
− Aha?!

3 Reisen und Mobilität

1 🔲3

+ Guten Morgen, Bernhard, na, wie war die Reise?
− Leider zu kurz, aber Genf hat mir sehr gut gefallen.
+ Ich habe gehört, dass du mit deiner Freundin dort warst?
− Ja, genau.
+ Und was habt ihr alles gemacht? Erzähl doch mal.
− Ich habe eine Stadtführung gemacht und ein bisschen eingekauft. Du weißt ja, ich bin Schweizer, aber Genf habe ich überhaupt nicht gekannt. Und dann war ich auf der Art'air. Eine tolle Ausstellung. Aber leider war ich allein dort. Katrin war ja beruflich in Genf.
+ Ach ja? Eine Konferenz?
− Nein, eine Messe, der Internationale Automobil-Salon.
+ Was macht deine Freundin beruflich?
− Sie arbeitet bei BMW, im Marketing.

2

b)
+ Guten Tag.
− Guten Tag. Zwei Fahrkarten nach Budapest, bitte.
+ Hin und zurück?
− Ja. Hin am 29. Juni und am 8. Juli zurück.
+ Gut. Haben Sie eine BahnCard?
− Ja, 2. Klasse, BahnCard 25.
+ Zahlen Sie bar oder mit Kreditkarte?
− Mit Kreditkarte, bitte.
+ So, einen Moment ... Das ist Ihre Verbindung: Sie fahren um 17.01 Uhr ab. In München müssen Sie dann umsteigen. Dort fährt Ihr Zug um 23.44 Uhr ab. Sie sind morgens um 9.08 Uhr in Budapest.
− Ja, gut. Und die Rückfahrt?
+ Die Rückfahrt geht über Berlin. Abfahrt in Budapest um 10.10 Uhr, Ankunft in Berlin um 22.17 Uhr. Der Zug nach Hamburg fährt dann um 22.44 Uhr ab und kommt um 0.33 Uhr an.
− Wie teuer sind denn die Fahrkarten?
+ Pro Person 180,72 Euro. Soll ich die Verbindung ausdrucken?
− Ja, bitte.
+ Hier, bitte schön. Auf Wiedersehen.

2 2

+ Reisebüro Jahn, guten Morgen. Mein Name ist Werner, was kann ich für Sie tun?
− Ja, hallo, hier ist Grzimek. Ich brauche zwei Flüge für den 14. April nach Budapest. Und am 16. wieder zurück, geht das?
+ Moment bitte ... Ja, das geht, ein Direktflug Hamburg−Budapest. Sie fliegen am 14. April um 20.45 Uhr in Hamburg ab und landen um 22.20 Uhr in Budapest. Der Rückflug ist am 16. um 7.40 Uhr mit Ankunft in Hamburg um 9.25 Uhr.
− Was kosten die Tickets?
+ 150 Euro pro Person.
− Entschuldigung, was haben Sie gesagt?
+ Die Tickets kosten 150 Euro pro Person.
− Schön. Dann buchen Sie diese Flüge bitte für uns.
+ Auf welchen Namen soll ich buchen, bitte?
− Paul und Thea Grzimek. Soll ich buchstabieren?
+ Ja, bitte.
− G-R-Z-I-M-E-K ...

2 8

Kann ich einen Sitzplatz reservieren?
Muss ich umsteigen?
Ich hätte gern zwei Tickets, erster Klasse, bitte.
Zahlen Sie bar?
Wann geht der nächste Zug nach Luzern?
Moment, ich notiere die Abfahrtszeit.
Tut mir leid! Sie sind zu spät, der Zug ist weg.

Ü 7

+ Guten Tag.
− Guten Tag. Haben Sie noch ein Zimmer frei?
+ Für wie viele Nächte?
− Für zwei Nächte. Heute und morgen.
+ Ja, das geht. Möchten Sie ein Einzel- oder ein Doppelzimmer?

− Ein Doppelzimmer bitte. Können Sie noch ein Kinderbett in das Zimmer stellen?
+ Einen Moment bitte. ... Ja, das ist möglich.
− Prima. Was kostet das Zimmer pro Nacht?
+ 123 Euro inklusive Frühstück.
− Gut, ich nehme das Zimmer.
+ Bitte füllen Sie noch dieses Formular aus.
− Ja natürlich. So, bitte.
+ Hier ist Ihr Schlüssel. Sie haben Zimmer Nummer 501.
− Vielen Dank.

Ü 9

1
Kommen Sie nach Tunesien: Erleben Sie Land und Leute, Natur wie im Traum! Viele Exkursionen. Eine Woche für zwei Personen im 4-Sterne-Hotel für nur 800 Euro!

2
Sehen Sie, wo und wie die alten Griechen gelebt haben! Zwei Wochen im Apartment-Hotel direkt am Strand in Griechenland: Pool, Fitnessstudio und Tennisplätze. Exkursionen zu den schönsten Sehenswürdigkeiten. Für nur 700 Euro pro Person!

3
Winter in Norwegen − das ist Schnee garantiert! Machen Sie Skiurlaub: Unterricht für Anfänger und Fortgeschrittene! Erholung im Fitnessstudio und in der Sauna. Schönes kleines Hotel, sehr ruhig, perfekter Service. Pro Person und Woche 600 Euro.

Station 1

1 3

+ Frau Klein, würden Sie sich bitte kurz vorstellen?
− Hallo. Ich bin Patrizia Klein. Ich habe Fremdsprachen studiert. Nach dem Studium konnte ich keine Arbeit finden und da habe ich mich selbstständig gemacht. Jetzt habe ich ein Übersetzungsbüro und einen Sprachenservice.
+ Mmh. Wer sind Ihre Kunden?
− Nun, wir betreuen viele Firmenkunden, meistens von kleineren Firmen, aber auch von ausländischen Firmen. Außerdem haben wir einige Privatkunden, z.B. tippen und korrigieren wir Magisterarbeiten von Studenten.
+ Wie sieht Ihr Alltag aus?
− Eigentlich sitze ich den ganzen Tag am Computer. Ich muss sehr viel organisieren und koordinieren. Zum Beispiel nehme ich Aufträge an, leite sie weiter, schreibe Rechnungen und suche Übersetzer für unsere Aufträge.
+ Hmh. Was war Ihr interessantester Auftrag?
− Im Moment betreuen wir eine ukrainische Familie. Sie wollen gerne nach Kanada auswandern und wir übersetzen ihre Dokumente und helfen ihnen beim Schriftverkehr. Manchmal dolmetschen wir auch.

1 ▮

b und **c**

Interview 1

+ Ulf, du läufst Marathon. Wie viele Kilometer sind das?
− Das sind genau 42,195 Kilometer.
+ Boah − das ist aber viel! Wie oft trainierst du in der Woche?
− In der Vorbereitungszeit so zwischen drei bis vier Mal pro Woche.
+ Und wie viele Kilometer läufst du dann?
− Im Schnitt zwischen 70 und 80 Kilometer pro Woche.
+ Was war denn deine beste Zeit beim Marathon?
− Das war letztes Jahr beim Berlin-Marathon: drei Stunden und 31 Minuten.
+ Und was war dein schönster Marathon?
− Das war der New-York-City-Marathon 2004.

Interview 2

+ Sylke, in deiner Freizeit gehst du reiten. Was gefällt dir an diesem Hobby?
− Vor allem die Pferde! Ich liebe Pferde und ich kümmere mich gerne um unsere Reitschulpferde, für mich ist das Entspannung.
+ Wie oft reitest du?
− Einmal in der Woche. Immer samstags.
+ Hast du ein Pferd?
− Nein, nein. Ein Pferd braucht viel Bewegung und Pflege. Man muss sich jeden Tag darum kümmern und so viel Zeit habe ich leider nicht, ich bin beruflich viel unterwegs.

Interview 3

+ Da, Musik ist dein Hobby. Welche Instrumente spielst du?
− Ich spiele Klavier und Harfe.
+ Schön. Und wo spielst du?
− Zusammen mit anderen Musikern in einem Orchester. Im Carl-Zeiss-Orchester in Jena.
+ Da muss man sicher viel üben. Wie oft in der Woche übst du?
− Fast jeden Tag, wenn ich nach der Uni noch Zeit zum Üben habe.
+ Hmh − und wie viele Stunden?
− Ein bis zwei Stunden am Tag.
+ Warum spielst du gerne in einem Orchester?
− Ich musiziere gerne mit anderen.
+ Und was war dein schönstes Konzert?
− Mein erstes Konzert in Jena, denke ich.

2 ▮

1. Ich spiele gerne Fußball. − Fußball spiele ich nicht so gerne, ich finde Volleyball besser. 2. Ich interessiere mich für Politik, und du? − Politik interessiert mich gar nicht. 3. Ich fahre gerne Fahrrad. − Ich fahre lieber Roller Skates.

Ü ▮

Interview 1

+ Herr Günther Waldmann ist Bankangestellter. Herr Waldmann, wie ist Ihr normaler Tagesablauf?
− Tja. Ich fange morgens um neun an. Ich telefoniere viel und berate die Kunden. Manchmal bin ich auch unterwegs, weil ich Seminare für unsere Mitarbeiter organisiere. Mein Arbeitstag ist normalerweise acht Stunden lang. Manchmal mehr ...
+ Sie sind verheiratet und haben zwei Kinder. Wie viele Stunden sind Sie mit Ihrer Familie zusammen?
− Na ja, meine Frau ist auch berufstätig. Deshalb bringe ich nach dem Frühstück meine Tochter in den Kindergarten und meinen Sohn in die Schule. Ich bringe die Kinder auch abends ins Bett und lese ihnen noch etwas vor. Also insgesamt verbringe ich bestimmt so zwei bis drei Stunden mit ihnen.
+ Helfen Sie im Haushalt?
− Meine Frau sagt, dass ich zu wenig mache. Aber ich helfe schon − bestimmt eine Stunde am Tag. Aber später am Abend ist dann endlich Ruhe, dann sitze ich oft zusammen mit meiner Frau im Wohnzimmer. Wir reden noch so eine Stunde bei einem Glas Wein. Etwa zwei Stunden sehe ich auch jeden Tag fern. Vor dem Schlafen lese ich noch ein bisschen, vielleicht eine halbe Stunde. Ach ja, und fürs Essen braucht man auch noch so eineinhalb Stunden am Tag ... ... Ja? Ja, ich komme gleich. ... Tut mir Leid, ich habe noch einen anderen Termin. Ich muss leider weg.
+ Noch eine Frage, bitte. Wie lange schlafen Sie?
− Etwa sieben Stunden. Auf Wiedersehen.
+ Vielen Dank, auf Wiedersehen.

Interview 2

+ Frau Christa Eckes, Sie sind Ärztin in der Uni-Klinik. Da hat man keine regelmäßige Arbeitszeit, oder?
− Nein, richtig. Ich habe manchmal Arbeitstage, da bin ich fast 19 Stunden in der Klinik und muss bereit sein, wenn es einen Unfall gibt. Da kann ich manchmal nur zwei Stunden schlafen. Das ist sehr stressig. An diesen Tagen habe ich auch keine Zeit für meinen Freund. Wir telefonieren vielleicht miteinander oder schreiben eine SMS. Das dauert höchstens ein paar Minuten. Zeit für Hobbys oder für Freizeitaktivitäten habe ich dann auch nicht.
+ 19 Stunden Arbeit und zwei Stunden schlafen. Da bleibt nicht viel Zeit. Was machen Sie noch?
− Der Mensch muss essen: Das muss aber immer schnell gehen, insgesamt verbringe ich vielleicht 90 Minuten am Tag mit essen. Manchmal sehe ich eine halbe Stunde fern oder höre Radio, zur Entspannung. Aber eigentlich bin ich immer nur sehr müde an diesen Tagen. Zu Hause tue ich dann einfach mal eine Stunde lang gar nichts.
+ Und was machen Sie an Ihren freien Tagen?
− Lange schlafen, mich mit meinem Freund treffen, ins Schwimmbad gehen − einfach ausruhen!
+ Vielen Dank.

Ü 6

b)

Sabrina und Markus haben sich mit Freunden von
Sabrina zum Essen verabredet. Sie freut sich auf den
Abend, aber Markus hat keine Lust. Er fühlt sich
heute nicht gut und möchte am liebsten zu Hause
bleiben. Sabrina will pünktlich sein.

Markus: Sabrina, bist du schon fertig?
Sabrina: Ich muss mich noch schminken. Hast du
  dich schon rasiert?
Markus: Äh nein, muss ich mich auch noch umziehen?
Sabrina: Natürlich, und mach bitte schnell, ich
  möchte nicht schon wieder zu spät kommen. Du weißt doch, Anne ärgert sich
  immer über Unpünktlichkeit.
Markus: Jaaa. Warum treffen wir uns eigentlich so
  oft mit Anne und Jörg? Willst du nicht
  lieber mal wieder ein Buch lesen?
Sabrina: Du interessierst dich wohl nicht für meine
  Freunde! Du willst dich lieber mit deinen
  Freunden treffen, stimmt's? Dabei beschäftigt ihr euch die ganze Zeit doch nur mit
  Fußball, das ist langweilig! Jetzt komm
  endlich!
Markus: Ja, ja – hoffentlich gibt's was Leckeres zu
  essen ...

5 Medien

3 3

Interview 1
+ Darf ich Sie fragen, ob Sie Internetanschluss
  haben?
– Ja, haben wir.
+ Gut. Dann möchte ich gerne wissen, ob Sie auch
  über das Internet einkaufen?
– Ja, manchmal schon. Ich habe schon Bücher und
  DVDs über das Netz bestellt.
+ Ah ja, und waren Sie zufrieden mit dem Kauf?
– Absolut, es gab keine Probleme, so wie im Geschäft
  auch. Ich finde es sehr praktisch, wenn man wenig
  Zeit hat oder etwas im Ausland bestellt.

Interview 2
+ Entschuldigen Sie bitte. Kann ich Ihnen ein paar
  Fragen zum Thema Internet und Online-Einkauf
  stellen?
– Ja, warum nicht.
+ Mich interessiert, ob Sie schon einmal etwas im
  Internet gekauft haben.
– Ja, aber nur einmal. Ein Freund hat mir den Tipp
  gegeben, dass man im Internet billige Flüge buchen
  kann. Also habe ich einen Billigflug nach Oslo
  gesucht und gebucht. Aber es gab Probleme.
+ Wirklich? Darf ich fragen, was passiert ist?
– Naja, das Flugzeug ist früher abgeflogen als auf
  meinem Plan. Ich bin zu spät gekommen und habe
  es verpasst. Dann habe ich eine E-Mail mit einer
  Entschuldigung bekommen. Aber ich konnte mich
  nicht direkt bei einer Person beschweren. Ich kaufe
  in Zukunft nichts mehr im Internet.

Interview 3
+ Hallo, haben Sie vielleicht kurz Zeit für ein Inter-
  view?
– Ja, okay.
+ Haben Sie schon mal was im Internet gekauft?
– Tja, also, ich kaufe sehr oft über das Internet. Vor
  allem Sachen für meinen PC, Software und so, und
  häufig auch CDs oder Filme.
+ Online-Einkaufen ist also ganz normal für Sie?
– Total, wissen Sie, ich bin Informatiker. Ich bestelle
  sogar Lebensmittel für meine Mutter über das
  Internet. Auch alle meine Reisen buche ich online.
  Es geht eben schnell und ist sehr bequem.

Ü 9

+ Guten Tag. Was kann ich für Sie tun?
– Guten Tag, Mein Name ist Helga Bauer. Ich habe
  letzte Woche ein Notebook bei Ihnen gekauft.
  Das möchte ich reklamieren. Es geht nicht mehr.
+ Haben Sie es schon mal neu gestartet?
– Ja, das habe ich schon gemacht, aber es funktio-
  niert nicht.
+ Tja, da müssen wir uns das Notebook genau an-
  sehen und es reparieren.
– In der Gebrauchsanleitung steht, dass ich sechs
  Monate Garantie habe.
+ Das stimmt. Sie müssen die Reparatur natürlich
  nicht bezahlen.
– Wie lange dauert das denn?
+ Das kann ich Ihnen leider nicht sagen. Wir müssen
  das Notebook erst ansehen. Aber wir reparieren es
  so schnell wie möglich.
– Gut, dann bringe ich Ihnen morgen das Notebook.
  Auf Wiedersehen.
+ Auf Wiedersehen.

6 Ausgehen

2 3

+ Guten Tag, was darf es sein, bitte?
– Bringen Sie uns bitte die Speisekarte.
+ Gerne. Darf es schon was zu trinken sein?
– Ja, einen Apfelsaft und ein alkoholfreies Bier, bitte.
+ Kommt sofort.
– Hab ich einen Hunger!
o Und ich erst! Was nimmst du?
– Steak. Das Rumpsteak mit Grilltomate. Und eine
  Zwiebelsuppe. Und du?
o Ich weiß noch nicht. Hmmm, vielleicht das Wiener
  Schnitzel mit Pommes und Salat.
– Und noch ein Dessert? Vanilleeis mit heißen
  Kirschen, oder?
o Nein, das ist zu süß. Ich möchte lieber den Apfel-
  strudel.
– Ich nehme das Vanilleeis mit heißen Kirschen.
  Herr Ober, bitte ...

3 [1]

b)

+ Lena, du hast gerade deine Ausbildung als Restaurantfachfrau beendet. Wo hast du die Ausbildung gemacht?
– Bei einer Cateringfirma. Wir haben für Filmteams, die in Köln Filme gemacht haben, das Essen organisiert.
+ Was musstest du in der Ausbildung tun?
– Ich habe bei der Menüauswahl und beim Einkaufen geholfen. Ich musste auch kochen, Geschirr spülen, servieren, Speisekarten schreiben und Tische decken. Das war sehr anstrengend! Im Winter haben die Filmteams Filmaufnahmen draußen gemacht und wir vom Cateringteam waren dabei. Es war sehr kalt.
+ Wo hast du gearbeitet?
– Mein Arbeitsort war der große Cateringwagen.
+ Wie lange hat die Ausbildung gedauert?
– Zwei Jahre, und es hat super viel Spaß gemacht. Ich hatte viele Kontakte zu den Schauspielern, und mit Ralf, dem Kameramann, den ich bei den Filmaufnahmen kennen gelernt habe, geh ich jetzt oft abends aus.

4 [2]

b)

+ Anneliese, wie hast du Werner kennen gelernt?
– Ich habe meinen Mann 1968 kennen gelernt. Eine Freundin hat mich zur Silvesterparty mitgenommen. Ich habe mich mit ihm sofort gut verstanden. Er war so sympathisch ... und ich habe mit ihm die ganze Nacht getanzt – eigentlich war es Liebe auf den ersten Blick!
+ Und wie ging es dann weiter?
– Wir haben uns dann gleich für das nächste Wochenende verabredet. Wir waren in der Stadt und haben die neueste Beatles-Platte gekauft. Werner war wie ich Beatles-Fan, wir haben alle Platten gesammelt. Mit ihm konnte ich stundenlang Musik hören.
+ Wann habt Ihr geheiratet?
– 1970. Unsere Freunde haben uns Karten für ein Beatles-Konzert geschenkt. Das war damals etwas ganz Tolles! Danach hatten wir aber nicht mehr viel Zeit für Konzerte, weil wir drei Kinder hatten. Die haben uns aber auch viel Freude gemacht! Mit ihnen und den sieben Enkeln haben wir unseren 35. Hochzeitstag in unserem Ferienhaus in Italien gefeiert.

Ü [1]

a und **b**

1

... und hier unsere Tipps für Ihren Feierabend. Im „Theater am Richardplatz" gibt es heute Abend „Leben des Galilei" von Bertolt Brecht. Um 19.30 Uhr von Brecht das „Leben des Galilei" im „Theater am Richardplatz".

2

... manche mögen's heiß! Zu einer heißen Salsa-Nacht lädt der Tanzsportverein „Rot-Weiß" ein. Wo? In der Tanzschule „Ritter". Wann? Ab 20 Uhr. Die „Salsa-Nacht" in der Tanzschule „Ritter" ab 20 Uhr.

3

... Sind Sie ein Jazzfan? Dann haben wir hier einen Tipp für Sie, den „After-Work-Jazz" heute ab 18 Uhr mit dem Per-Olof-Quintett im „Cuba Club". Das Per-Olof-Quintett heute im „Cuba Club" ab 18 Uhr.

4

Sie haben den Kinofilm „Alles auf Zucker" noch nicht gesehen? Ab heute kommt der Film von Dani Levi ins Diana-Kino am Boxgraben. Der Film läuft um 17.30 Uhr und um 20 Uhr. Noch einmal: Um 17.30 Uhr und um 20 Uhr können Sie den Film „Alles auf Zucker" im „Diana" sehen.

5

Und für alle, die heute zu Hause bleiben wollen: Hier sind unsere Programmtipps für das Fernsehen. In der ARD beginnt um 20.15 Uhr „Pretty Woman" mit Julia Roberts, im ZDF kommt zur gleichen Zeit „Eine fast perfekte Hochzeit" mit Hildegard Knef und auf RTL2 gibt es den alten James-Bond-Film „Goldfinger" auch um 20.15 Uhr.

Bildquellen

S. 89 3: © Norbert Schäfer – e: © Picture-Alliance/
ZB-Fotoreport, Maelsa – f: © Plainpicture,
Schomburg

S. 91 © StockFood: Bender, Feig, Eising,
FoodPhotography, Cimbal, Wexel

S. 92 links: © Floris' Catering GmbH – rechts:
© Illuscope

S. 93 © StockFood, Schieren

S. 94 1: © mauritius images/Stock Image –
2: © Corbis, Armstrong Roberts – 3: © Key-
stone/Topham Picturepoint – 4: © Interfoto-
LP – 5: © Schapawalow

S. 95 © epd, Neumann

S. 96 © artur/Kroener-Fotografie

S. 97 © Cornelsen Verlag, Loncà

S. 98 oben: © Visum, Dashuber – 1: © StockFood,
Bischof – 2: © Naoko – 3: © StockFood, Boyny
– 4: © StockFood, Wieder – 5: © Picture-
Alliance/dpa/StockFood, Eising – 6: © Stock-
Food, Urban

S. 102 © Norbert Michalke

S. 104 oben: © Cornelsen Verlag, Corel-Library –
unten: © Picture-Alliance/dpa-Sportreport,
Haid

S. 107 © Comstock (RF)

S. 108/
109 © Cornelsen Verlag, king & queen media

S. 110 oben links: © Picture-Alliance/dpa-Bildarchiv,

S. 111 oben links: © Visum/buchcover.com – oben
rechts: © mauritius images/Nordic Photos –
Mitte: © images.de – unten: © Zefa, Damm

S. 112 oben: © Cornelsen Verlag, Corel-Library –
unten: © Picture-Alliance/dpa-Sportreport,
Haid

S. 115 links: © StockFood/Food Photography –
rechts: © Cornelsen Verlag, Funk – unten:
© Cornelsen Verlag, Funk

S. 116 © Cornelsen Verlag, Funk

S. 117 oben: © Cornelsen Verlag, king & queen
media – Mitte: © Cornelsen Verlag, Schulz –
unten: © Cornelsen Verlag, Corel-Library

S. 118 © Cornelsen Verlag, Kuhn

Textquellen

S. 15 © Hueber Verlag 2005, aus: „Das schönste
deutsche Wort" hrsg. v. Jutta Limbach

S. 44 © Erb, Elke „Bewegung und Stillstand" aus:
„Vexierbild", Aufbau-Verlag Berlin, Weimar
1983

S. 45 © Maar, Paul „Schwierige Entscheidung" aus:
„Dann wird es wohl das Nashorn sein", Beltz &
Gelberg, Weinheim, Basel 1988

S. 59 © Özdamar, Emine Sevgi: „Meine deutschen
Wörter haben keine Kindheit" aus der Dank-
rede zur Verleihung des Adalbert-von-
Chamisso-Preises, München 1999

S. 105 © Suhrkamp Verlag 1980, Thomas Brasch,
„Ich habe keine Zeitung gelesen" aus: „Der
schöne 27. September"

S. 105 © Róža Domašcyna, aus „Das Meer Die Insel
Das Schiff", Sorbische Dichtung hrsg. von Kito
Lorenc, Verlag das Wunderhorn 2004

S. 105 © Hanser Verlag 1963, Günter Kunert „Lass
uns reisen" aus: „Erinnerungen an einen
Planeten"

S. 111 © Verlag Klaus Wagenbach, Berlin 1977, Erich
Fried „Herbstmorgen in Holland" aus: „Die
bunten Getüme"